"快乐阅读伴成长"之非遗馆系列

书小贝非遗奇趣游

传统美术篇

玩转福匠街

墨方 著

海峡出版发行集团
THE STRAITS PUBLISHING & DISTRIBUTING GROUP
福建人民出版社
FUJIAN PEOPLE'S PUBLISHING HOUSE

图书在版编目（CIP）数据

书小贝非遗奇趣游. 传统美术篇：玩转福匠街 / 墨方著. --福州：福建人民出版社，2024.12（2025.1 重印）. --（“快乐阅读伴成长”之非遗馆系列）-- ISBN 978-7-211-09614-5

Ⅰ. G122-49

中国国家版本馆 CIP 数据核字第 2024LA7461 号

书小贝非遗奇趣游（传统美术篇）：玩转福匠街

SHUXIAOBEI FEIYI QIQU YOU（CHUANTONG MEISHU PIAN）：WANZHUAN FUJIANGJIE

作　　者：墨　方
策划编辑：何　欣
责任编辑：林　婧
责任校对：林乔楠
出版发行：福建人民出版社　　**电　　话**：0591-87623913（发行部）
网　　址：http://www.fjpph.com　　**电子邮箱**：fjpph7211@126.com
地　　址：福州市东水路 76 号　　**邮政编码**：350001
经　　销：福建新华发行（集团）有限责任公司
印　　刷：福州印团网印刷有限公司
地　　址：福州市仓山区建新镇十字亭路 4 号
开　　本：787 毫米×1092 毫米　1/16
印　　张：8
字　　数：55 千字
版　　次：2024 年 12 月第 1 版　　2025 年 1 月第 3 次印刷
书　　号：ISBN 978-7-211-09614-5
定　　价：27.00 元

本书如有印装质量问题，影响阅读，请直接向承印厂调换。

前言

亲爱的小读者们，你们知道什么是“非遗”吗?

“非遗”的全称为“非物质文化遗产”，它像一个巨大的宝库，里面装满了被一代又一代人接力传承下来的技艺和故事。这些技艺和故事都非常有意思，可以让我们了解很多关于中华传统文化的知识。我相信，这个装满宝物的世界一定会让你大开眼界的!

在这套丛书里，我要带大家走进福建，去认识“福建非遗”。福建是迄今为止我国唯一一个在国际非遗保护三个序列上获得“大满贯”的省份，这里有很多有趣又好玩的非遗项目。作为全国唯一以“福”字命名的省份，福建的非物质文化遗产中蕴含着丰富的“福”文化，诸如民间文学中的有福故事，传统戏剧中的福缘唱段，民俗中的节庆祝福，以及剪纸、雕刻等手工技艺中的“福”字符号及造型展现，等等。非遗文化之“福”会在日常生活中与每个人不期而遇。

“书小贝非遗奇趣游”丛书的主人公书小贝是一个古灵精怪、活泼好动、聪明好学、酷爱旅行的“小书虫”。她有一位博学、爱研发新奇高科技产品的爸爸，还有一只宠物八哥芭小墨。麦小麦和福小丫都是书小贝爸爸研发的人工智能机器人。无所不能的麦小麦和痴迷福建非遗文化的福小丫一起打造了“福元福见非遗小镇”元宇宙世界，它们邀请书小贝和芭小墨一起走进奇趣盎然的非遗小镇，体验各种奇妙的非遗项目，感受福建非遗的神奇魅力。

你们听说过福州诗钟吗？非遗小镇的福文街区里藏着百余年前福州文人玩的“诗钟”游戏。它的技术含量可高啦——作品不仅大多是原创，而且还限定时间、限制主题，还得嵌字入联。当时这种文字游戏不仅在文人圈中盛行，更是火遍全国。诗钟可是闽人独创哦！

你们听过别具一格的千年雅乐南音吗？非遗小镇的福乐街区里就有这样的宝贝哦！作为世界级非物质文化遗产，南音就像一株幽兰，生长在八闽大地上，缕缕清香漂洋过海，妙音传唱情连千里。南音不只是艺术，它还是祖辈的灵魂，是故乡的明月，是游子心中永恒的记忆。

除了传统音乐，福建还有很多独特的传统美术瑰宝，这些宝物就藏在非遗小镇的福匠街区里啦！比如漳浦剪纸艺术，剪纸作品就像飞舞的金剪子剪出的精灵，既好玩又好看。剪纸技艺代代相传，剪纸样式层出不穷，这些为漳浦赢得了“剪纸之乡”的称号。

当然了，福建非遗不止这些，还有传统舞蹈，传统戏剧，曲艺，传统体育、游艺与杂技，传统技艺，传统医药，民俗等各类非遗项目闻名于世。这些奇妙的非物质文化遗产，我们都可以在非遗小镇元宇宙世界里一探究竟哦！

异彩纷呈的非遗小镇不仅让书小贝一行大开眼界，还吸引了很多小伙伴一起加入到“福文街”“福乐街”“福匠街”“福韵街”“福艺街”“福传街”六大街区的建设当中。经过小伙伴们的不懈努力，他们终于打造出一个奇妙、幸福的“福元福见非遗小镇”元宇宙世界。

故事创写时遵循“见人见物见生活”的非遗保护理念，结合当前数字科技“元宇宙”的概念，创设了一个“非遗小镇”

元宇宙世界，旨在通过轻科幻的方式，让小读者走进一个神奇的非遗文化数字科技世界，沉浸式感知中华优秀传统文化，从体验者发展为参与者，并从感觉、感动、好奇、思考、创造、快乐六个层面踏上阅读阶梯，让阅读逐步升级。

丛书每个分册都通过“开篇故事”“非遗看台”作知识导入，在主题阅读后，还设置“非遗宝藏”“非遗宝地”“非遗研学”等链接，帮助小读者拓展知识或深化理解。希望读者能在多维度阅读实践中，增进亲子阅读交流，体验 PBL（Project-Based Learning）项目式学习方法，了解和欣赏福建独特的文化遗产。

总之，这套“书小贝非遗奇趣游”系列丛书是献给孩子们的一份珍贵礼物，旨在传承文化、启迪心灵。非遗不仅是我们过去的宝贵遗产，也是我们现在的实践和未来的愿景。保护非遗就是保护我们的文化根基和创新源泉。希望通过这套书，孩子们能在快乐阅读中领略福建非遗的魅力，感受中华优秀传统文化的深厚底蕴，从而激发保护和传承非遗的热情，提升对祖国和家乡的热爱之情。同时，也期待通过这些故事，培养孩子们的想象力和创造力，助力他们茁壮成长。

最后，感谢所有为本书付出努力的编辑、插画师、设计师和审读老师。接下来，请跟上书小贝的脚步，一起向着我们的非遗小镇快乐出发吧！

墨方

2023年10月于厦门

人物介绍

书小贝

一个古灵精怪、活泼好动、聪明好学、酷爱旅行的“小书虫”。她有一位博学、爱研发新奇高科技产品的爸爸，还有一只宠物八哥芭小墨。

芭小墨

一只智商超群的八哥。它热爱学习、知识渊博，活泼可爱、馋嘴逗趣。它是书小贝的宠物，也是最亲密的伙伴。

麦小麦

书小贝爸爸研发的人工智能机器人，长得像一颗金色的麦子。它的本事可大了，不仅能帮助书小贝和芭小墨到达任何地方，还能开发元宇宙世界，实现各种奇思妙想。

福小丫

书小贝爸爸最新研发的人工智能机器人，长得像一颗榕树果实。它痴迷非物质文化遗产，跟麦小麦一起开发了“福元福见非遗小镇”元宇宙世界，打造了“福文街”“福乐街”“福匠街”“福韵街”“福艺街”“福传街”六大街区。

开篇故事

非遗小镇我来了

嗨！我是书小贝。我的好朋友——人工智能机器人麦小麦和福小丫一起设计了一个“福元福见非遗小镇”元宇宙世界，将福建非遗与“福”文化完美融合，打造出了“福文街”“福乐街”“福匠街”“福韵街”“福艺街”“福传街”六大街区。我和芭小墨在麦小麦和福小丫的邀请下，进入了这座奇妙的非遗小镇。我们将在这里见证中华民族世代相传的传统文化结晶——非物质文化遗产的独特魅力。相信这趟非遗小镇奇趣之旅，一定会让我们大开眼界的！

小伙伴们只要贴上专属的“福贴”，就拥有了非遗小镇的“通行证”。我们可以在非遗学堂打卡领取“福币”，可以在趣游小镇的过程中赢取独一无二的非遗“福字令牌”，还能成为非遗小传人呢！

你知道什么是非遗吗？你了解传统美术吗？你听说过寿山石雕、莆田留青竹刻、永春纸织画吗？你也想拥有“福字令牌”吗？那还等什么，让我们一起向着非遗小镇福匠街出发吧！

非遗看台

非遗小知识

★《中华人民共和国非物质文化遗产法》规定：

非物质文化遗产，是指各族人民世代相传并视为其文化遗产组成部分的各种传统文化表现形式，以及与传统文化表现形式相关的实物和场所。包括：

（一）传统口头文学以及作为其载体的语言；

（二）传统美术、书法、音乐、舞蹈、戏剧、曲艺和杂技；

（三）传统技艺、医药和历法；

（四）传统礼仪、节庆等民俗；

（五）传统体育和游艺；

（六）其他非物质文化遗产。

★国家级非物质文化遗产代表性项目名录将非物质文化遗产分为十大门类，分别为：民间文学，传统音乐，传统舞蹈，传统戏剧，曲艺，传统体育、游艺与杂技，传统美术，传统技艺，传统医药，民俗。

★截至2024年12月，福建省拥有入选联合国教科文组织非物质文化遗产名录（名册）项目10项；国家级非物质文化遗产代表性项目145项，国家级非物质文化遗产项目代表性传承人143人；省级非物质文化遗产代表性项目705项，省级非物质文化遗产项目代表性传承人917人。

目 录

欢迎来到福匠街

嘿，小朋友们，欢迎来到奇妙的福匠街！在这里，书小贝和小伙伴们不仅见到了会跳舞的花灯舞蹈队、跳动的石雕墙、精美的木版年画，还尽情体验了竹雕、木雕、剪纸等传统美术非遗项目，深深感受到了非遗文化的独特魅力。还等什么呢？快跟上他们的脚步，一起去福匠街寻宝吧！

“哎呀，小主人，你干吗捂着我的眼睛呀？”芭小墨拼尽了吃奶的力气想要挣脱书小贝的手掌，两只尖尖的爪子使劲儿乱蹬，“咱们到底是要去哪儿呀？”

“别心急呀，等到了你就知道啦！嘿嘿……”书小贝和身边的麦小麦、福小丫对视一眼，坏笑着凑近芭小墨耳边，压低声音说，“准备好，我要松手喽！”

只见书小贝双手捧着芭小墨猛地一抛，芭小墨就像一颗流星划过夜空，飞向了神秘的“福匠街”。

“哇啊啊……臭小贝！”芭小墨慌乱地扑腾着翅膀飞了进去，还没缓过神来，就被眼前流光溢彩的画面深深吸引住了，“天呐，居然有这么多漂亮的花灯在跳舞！有可爱的动物灯、华丽的宫灯、精致的吊灯……太美了！我都看不过来了！”

“欢迎来到非遗小镇福匠街！我们是花灯舞蹈队，祝你们旅途愉快！”古香古色的福匠街如同一幅画卷缓缓铺开，街区上方悬挂着色彩斑斓、造型各异的花灯。花灯舞蹈队不断变换着队形，围着书小贝他们欢快起舞，一会儿排成飞舞的长龙，一会儿排成大大的“福”字……大家都惊呆了，仿佛突然被“封印”住似的，一动不动地看着花灯舞蹈队的精彩表演。

“哇！快看快看，墙上石雕居然也在跟着节奏跳动！”芭小墨的尖叫声让大家回过神来，“福匠街的宝贝真是太神奇了！真令人眼花缭乱！”

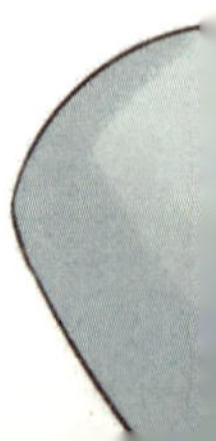

“是啊，你们看，那边还有木版年画。好漂亮啊！”麦小麦兴奋地指着前方叫起来。书小贝一行顺着麦小麦指的方向看去，只见街区两侧展示着一幅幅图案精美、色彩鲜艳的木版年画，有吉祥的门神画、可爱的福娃画、威武的将军像，还有精彩的历史戏文故事……每一幅都散发着浓浓的非遗技艺魅力。

“哇，太美了！简直像走进了传统美术的梦幻王国！”书小贝一边在福匠街转悠，一边忍不住赞叹起

来，“没想到这里藏着这么多神奇的非遗宝贝呢！”

“那当然！福建的传统美术类非物质文化遗产多得数不清，它们都是民间艺术的瑰宝哦！”福小丫扑闪着大眼睛，迫不及待地催促道，“走走走，福匠街有好多奇妙的传统美术非遗宝物等着我们去发现呢！”

“等等，让我想想……传统美术非遗宝物是不是有竹雕、木雕、石雕……”芭小墨歪着头，边思考边说，“对了，还有剪纸、刺绣之类的手工艺品，以及书法、版画、工艺画这些书画作品对吧？”

“芭小墨，你太厉害了，全对！”福小丫激动地竖起了大拇指，脸上洋溢着骄傲的表情说，“福建传统美术类非物质文化遗产种类繁多，是民间艺术的结晶。从这些精美的宝物中，可以感受到人们对自然的礼赞和对生活的热爱，还能读到很多精彩的故事呢！”

“太了不起啦！我们赶快去非遗学堂打卡，看看能不能带回更多的非遗宝物。”书小贝迫不及待地拉起了福小丫的手。

美玉莫竟“明星石”

你们知道吗？非遗小镇福匠街区里的“明星石头”凭借着超强的实力，在中国众多名石中独树一帜，获得了“国石”的称号！走，我们一起去认识它吧！

书小贝一行来到福匠街，被眼前流光溢彩、古色古香的街景深深吸引住了。书小贝已经迫不及待地想去非遗学堂打卡，寻找非遗宝物了。

“别急，别急。”麦小麦神秘地说，“咱们得先去一趟宝石馆，那里藏着一些有故事的‘明星石头’，说不定能为我们找到非遗宝物提供一点线索哦！”大家跟着麦小麦和福小丫，来到了福匠街区的宝石馆。

“大家快过来！看好了哦，‘明星石头’要闪亮登场啦！”福小丫轻轻掀开一块红布，一块五彩斑斓、晶莹润泽的石头出现在大家眼前。福小丫骄傲地介绍道：

“这就是咱们国家的‘四大国石’之一——寿山石。它产自福州市晋安区北郊的寿山，因此得名。”

“哇哦，原来这就是寿山石呀！我听说关于寿山石的形成，有好几个版本的传说故事呢。有人说寿山石是女娲补天时剩下的五色彩石变的，也有人说寿山石是凤凰神女留下的彩卵变的，想想都觉得好神奇！”书小贝笑得合不拢嘴。

“哈哈，神话传说为寿山石增添了不少浪漫色彩。不过，寿山石真正的形成历史可比神话传说还要悠久哦！”麦小麦推了推眼镜，娓娓道来，“说起寿山石的故事，可以追溯到一亿三千万年前的中生代时期。当时我国东部地区受板块挤压发生了大规模的火山喷发，火山灰沉积后形成了寿山石的母岩——火山岩。之后，这些火山岩历经千万年的岩浆炙烤和雨水'蒸煮'，吸取天地之精华，最终如凤凰涅槃般脱胎换骨，化石成珉，迸发出宝石般的光泽，便成了莹彩夺目、美玉莫竞的寿山石！"

"原来寿山石不仅美丽，还藏着这么有趣的故事呢！"书小贝听得入迷了，不由得鼓起掌来，"听说寿山石还是雕刻大师和收藏家们竞相追捧的'明星石'呢！"

"没错！寿山石不仅是'有故事的石头'，而且它们的色彩丰富多样，硬度也非常适合雕刻，因此大家才会如此喜爱它们。"麦小麦如数家珍地说道。

"太好了！"芭小墨开心地飞到空中说，"看来我们要找的非遗宝物有眉目了！"

巧施技艺奇雕刻

在匠人们的手中，寿山石就像被施了魔法一般，变成了栩栩如生的花鸟虫鱼、姿态各异的传奇人物、如诗如画的山水园林……想知道这些精美的寿山石雕是怎么雕刻出来的吗？跟书小贝一起去寻找答案吧！

“现在，我们带上寿山石，开启一段神奇的非遗寻宝之旅吧！在那些雕刻寿山石的匠人叔叔阿姨手中，刻刀就像魔法棒一般，能把这些古老的石头变成一件件令人惊叹的石雕艺术品。”麦小麦兴奋地说，“这些石雕不仅精美，还承载着人们的文化和智慧呢！”

“那还等什么？咱们快去非遗学堂打卡吧！”书小贝拉起麦小麦的手，激动地说道。

“太棒了，寻宝去喽！”没等书小贝说完，心急的芭小墨就已经冲向了非遗学堂。

非遗学堂大门缓缓开启，从门内弹出了一个对话框，上面写道：你知道什么是寿山石雕吗？

“当然！”芭小墨自信地大声答道，“寿山石雕是第一批国家级非物质文化遗产传统美术类代表性项目。寿山石雕历史悠久、技艺精湛且丰富多样，是我国软彩石雕刻的稀世珍宝呢！”话音未落，就听见“哐当”一声，非遗学堂抛出了一枚金色的福币。

“太棒了！打卡成功！”书小贝用指尖轻轻一弹，福币就转动起来，“准备好，我们要穿越喽！”

“咦，我们为什么会穿越到福建博物院？”芭小墨好奇地问。

“嘻嘻，不来这儿，我们怎么能找到非遗宝物呢？”麦小麦笑着触动寻宝图的任务键，指着徐徐展开的寻宝图说道，“你们快来看看寻宝任务。”

“任务一：请在博物院观赏寿山石雕。”福小丫开心地大声读出寻宝图上的任务提示。

“哇哦！”书小贝和小伙伴们一抬头，就被眼前琳琅满目的寿山石雕吸引住了：姿态各异的人物、栩栩如生的鸟兽、气势磅礴的山水、如诗如画的园林……巧夺天工的石雕作品让他们惊叹不已。

“哈哈，这不是芭小墨吗？”书小贝发现了一尊有趣的动物石雕，不禁兴奋地叫起来。

“哎呀，小主人，这是南宋寿山石雕《神鸟朱雀》呀！”芭小墨飞过来停在书小贝的肩膀上，认真地向她解释，“朱雀、青龙、白虎、玄武是中国古代神话传说中的四方之神。朱雀作为南方的守护神，是一只红色的神鸟，听说它还能控制火呢，可厉害了！”

“哇！”书小贝眼睛一亮，恍然大悟道，“难怪这尊朱雀石雕昂首挺胸，凝望远方，目光中既有睥睨天下的气度，又有守护一方的凝重。”

“是啊！你看它造型古朴稳重、刀法利落多变，每一刀都恰到好处，真是把宋代的寿山石雕技艺展现得淋漓尽致！”说着，芭小墨调皮地飞到展品的玻璃罩上，学着朱雀的样子昂首挺胸，把大家逗得哈哈大笑。

“真是太厉害了！”书小贝揉揉笑疼了的肚子，正色感慨道，“这些匠人的手艺简直就像魔法一样。我要是也能学会这样的技艺就好了。”

“别担心，只要肯努力，梦想就能成真！”芭小墨眨巴着眼睛，笑嘻嘻地指着非遗学堂弹出的寻宝图对话框说，“看，寻宝图都帮你准备好了！下一个任务就是：请找到一位寿山石雕匠人，向他拜师学艺。”

“嘿，好消息！博物院里正好有寿山石雕技艺的体验活动呢！”麦小麦头顶上的麦芒接收到了最新消息，一闪一闪地发着金光。麦小麦开心地说：“这下寻找寿山石雕匠人就不是难题啦！”

大家依照麦芒指引的方向，兴冲冲地跑进活动现场。冲在最前面的书小贝踮起脚尖往里

一瞧，只见一群小朋友正围着一位老师，聚精会神地听着讲解。她激动地朝她的小伙伴们招手，压低声音喊道："快来，我找到寿山石雕匠人啦！寿山石雕技艺非遗传承人陈老师正在教大家雕刻寿山石呢！"

小伙伴们循声赶来，一起和陈老师学习如何雕刻石头。他们磨刀、选石头、构思图案、下刀……慢慢地，每块石头都被雕刻成了独特的作品。

"看，我刻了一朵茉莉花！"书小贝高兴地展示着她的作品。突然，她的石雕发出一道闪亮的光，桌面上出现了一块金光闪闪的福字令牌，大家都很惊讶！

"哇，这是什么？"陈老师好奇地问。

"这是我的人工智能好朋友麦小麦和福小丫研发的福字令牌，只要我们完成任务，它就会出现。"书小贝把福字令牌拿给陈老师看，认真地讲解道，"您一定想不到，令牌里藏有嵌入式芯片，能在非遗小镇建起一座寿山石雕数字展区，让游客欣赏寿山石雕！"

"这么厉害！快给我看看。""我也想看看。"

一起学习寿山石雕刻的小朋友们听说福字令牌这么厉害，纷纷围了过来，抢着要一睹福字令牌的风采。

“你们别抢啦。”书小贝笑着说，“不如跟我们一起去非遗小镇吧，那里有更多神奇的数字科技哦！”

“太棒啦！”小朋友们兴奋之余又有些疑惑，“可是非遗小镇不是元宇宙世界吗？我们要怎么进去呢？”

“哈哈哈，别担心，这个专属的福贴就是你们进入非遗小镇的‘通行证’，贴上后数据自动匹配，按下确认键就能进入元宇宙世界啦。”福小丫为小朋友们贴上了福贴，大家一起来到了非遗小镇福匠街。

非遗宝藏

寿山石雕

寿山石雕是福州民间工艺“三宝”之一，有 4000 多年发展史，被列入第一批国家级非物质文化遗产代表性项目名录。南宋时期，寿山石矿已得到开采，经过元、明、清三代的发展，逐渐形成了独立的寿山石雕产业。寿山石雕技法丰富多样、精湛圆熟，又在发展过程中广纳博采，融合了中国画和各种民间雕刻工艺的艺术精华。至明清时期，寿山石雕已成为朝廷贡品和外贸商品，至今名扬海内外。珍藏于故宫博物院的乾隆御用田黄石三联印，就是寿山石雕的代表作之一，堪称国之瑰宝。

麦小麦告诉我们：清代同治、光绪年间，寿山石雕技艺发展形成了东门、西门两大流派。以林谦培、林元珠为代表的东门派擅长人物、山水、动物等题材的圆雕技法，以潘玉茂、潘玉泉为代表的西门派则从传统的印纽技法中，创造出了具有中国画特色的薄意技法。

非遗宝地

福州市晋安区

福州市晋安区地处福州市区东北部，扼守福州盆地东、北两大门户，自古就是“入闽通道”“通京要塞”。晋安区寿山乡北部的寿山村是寿山石的唯一产地，这一带地质结构复杂，分布着丰富的岩浆岩和变质岩。这些岩石在长期的地壳运动中发生变质、重结晶等过程，形成了独特的寿山石矿脉。2001 年，晋安区被文化部评为“中国民间文化艺术（寿山石雕）之乡”。

福小丫告诉我们：寿山石素有温、细、润、结、凝、腻“六德”，自古以来就备受文人墨客推崇。寿山石种类繁多，根据产地可分为田坑石、水坑石、山坑石等大类。根据质地、肌理、色泽等的不同，田坑石可细分为田黄石、红田石、白田石、花田石等，水坑石可细分为黄冻石、环冻石、牛角冻石、玛瑙冻石等，山坑石可细分为红高山石、黄高山石、红黄高山石等。每种寿山石都有其独特的魅力，吸引了众多藏家和爱好者的关注。

涅槃重生的竹子

竹子要变身成为适合雕刻的竹材，不仅要经过一系列严格的考验，还得要经得起时间的洗礼。你想知道“涅槃重生”后的竹子是什么样的吗？跟书小贝一起去看看吧！

“这里好神奇啊！”小朋友们被福匠街区流光溢彩的繁华街景深深吸引住了。

芭小墨衔来福字令牌，将它放入控制台感应区，霎时间，无数“福”字从五彩光束中飞出，幻化成一尊尊精美的寿山石雕作品，错落有致地摆放在展区内的展架上。一个小男孩指着一尊华丽的石雕作品，惊喜地说：“这不是‘百花奖’金奖作品《龙腾盛世》吗？”

“没错！《龙腾盛世》表现的是福州三坊七巷闹元宵的场景。”麦小麦指着石雕作品，为大家讲解道，“你们看，这繁华的街景、飞旋的金龙、热闹的舞狮、近百个活灵活现的人物，是不是将盛世景象展现得淋漓尽致？”

“哇！”没等麦小麦说完，小朋友们就惊呼起来。原来，《龙腾盛世》中的景象都变成了真的，舞龙舞狮队伍从雕像中“走”了出来，围着小朋友们跳起了舞。大家载歌载舞，福匠街区热闹非凡，到处都充满了欢声笑语，吸引来了更多游客。

“哈哈，福字令牌就像神笔马良的笔，不仅能变出寿山石雕，还能‘点石成真’，让寿山石雕活起来哦！”福小丫笑着说，“现在，你们可以尽情地感受寿山石雕艺术的魅力啦！”

“麦小麦，接下来我们该去寻找什么宝物呢？”书小贝托着下巴问道。

“嘻嘻……”麦小麦拿起寿山石雕展架前的竹木

挂牌，神秘地说，“远在天边，近在眼前。下个宝物的线索不就藏在这个挂牌里吗？”

“这不就是一个普通的竹木挂牌吗？”书小贝挠了挠头，百思不得其解。一旁的芭小墨好奇地飞过来，用它尖尖的嘴巴啄了啄竹木挂牌，左看右看研究着。

“竹木挂牌……竹子……噉，我知道了！”芭小墨仿佛想到了什么，突然叫了起来，“小主人，咱们快到非遗学堂打卡去。”还没等书小贝反应过来，芭小墨就一溜烟儿飞没影儿了。

“非遗学堂，我们来了，请开门。”芭小墨用尖尖的小嘴叩开非遗学堂的大门。门内弹出了一个对话框：竹韵悠扬，刀下生辉。猜猜这是什么？

“这肯定是留青竹刻！”芭小墨兴奋地拍打着翅膀，“简单来说，留青竹刻就是先在竹子表面薄薄的竹青皮上绘制图案，再用刀小心翼翼地铲去图案以外的部分，露出表皮之下的竹肌层。这样刻出来的图案会‘浮’在竹子表面上，就像给竹子穿上了一件漂亮的衣服，却又只穿了一半，是不是特别有意思？”

“打卡成功！猜猜看，咱们下一个目的地是哪里？”麦小麦摇晃着手中的福币，神秘兮兮地逗大家。

“嘿嘿，一定是去莆田！”福小丫开心得跳了起来，“我们要去寻宝啦！”

“哎呀，被福小丫猜中了。你们看，寻宝图上显示任务是：请前往莆田市仙游县游洋镇金石村，找到适合雕刻的竹子。”书小贝看着任务，有些不解地望向小伙伴们，“什么样的竹子才适合雕刻呀？”

“哈哈，走吧，我们边走边聊！”麦小麦转动福币，领着小伙伴们穿越到金石村的竹林，“竹刻用的虽然是普通的竹子，但选竹子可有讲究了。太嫩的竹子不行，太老的也不行，只有刚刚好三年的竹子才能够既较好地保持竹子细密的纹理，同时又具有一定的硬度和稳定性，适合精细的雕刻工作。瞧，这片竹林里就有很多刚满三年的上等竹子哦！”

“哈哈，原来是这样！”芭小墨欢呼起来，“挑竹子我最拿手了！一年生的竹竿为深绿色，没有侧枝；二年生的竹竿为浅绿色，侧枝分枝较多；三年生的竹竿为黄绿色。看，这一片都是三年生的竹子啦，我们挑选一些带回去雕刻！”

“别急，任务一虽然解锁了，不过你瞧，任务二又来了：请把找到的竹子变成可雕刻的竹材。”福小丫慢悠悠地说，“采回来的竹子要先经过破竹、煮青、暴晒等几道工序后，留青竹刻的‘前奏’才算完成。”

“煮青？这是要把竹材放入沸水中煮吗？那竹子不得被煮熟了吗？”书小贝满肚子问号。

“是呀！只有这样，竹子才能‘涅槃重生’啊！”福小丫耐心地解释道，“煮青不仅可以去除沉积物，还可以去掉竹子中的糖分以防蛀虫。”

“没错，煮青之后还有一道暴晒竹片的重要工序，这道工序要持续几个月呢！走，我带你们穿越到几个月后的时空去。”麦小麦带小伙伴们穿越时空隧道，只见工场旁已然陈列着一排排晒好的竹片了。

在阳光的照耀下，竹片闪闪发光。“你们看，这些就是晒好的竹片。”

“好漂亮啊！”书小贝和芭小墨惊喜地凑过去左看右看。

福小丫取下一块晒好的竹片，为大家讲解道：“你们看，经过阳光和时间的洗礼，竹子表层的竹青已经变成了淡淡的米黄色，像象牙一般洁净光滑，里层的竹肌则变成了较深的橙红色。随着保存时间的增加，竹肌的颜色会逐渐加深，竹青则始终保持淡黄，当两层颜色的‘色差’达到一定程度时，竹子就顺利完成了‘涅槃重生’，成为可以雕刻的最好的竹材啦！”

“哈哈，太不容易了，任务终于都完成了！”书小贝开心得手舞足蹈。

竹皮上妙笔生花

经过处理的上等竹材，只待技艺精湛的生花妙笔和行云流水的精妙刀法，就能绽放出清逸雅致的艺术之花。我们一起去见识一下吧！

“小主人，别太得意了，还有个挑战在等着你呢。”芭小墨用翅膀轻轻地拍了拍小主人的头，“任务三：请以‘非遗小镇’为主题，创作一个留青竹刻作品。”

“咳咳，这次的任务还不少哩！”书小贝清了清嗓子，装出一副严肃的样子，背着手，一本正经地说，“我们要想完成这个任务，得找个高手帮忙。据我所知，从很久以前的清朝开始，这一带的刘氏留青竹刻就已经很有名了。咱们找刘氏传人帮忙准没错！”

“哇，太棒了！这可是名副其实的高手呢！”麦小麦打开头顶上的麦芒雷达，搜索了一阵信号后说，“走，咱们去莆田的工艺美术城，找刘氏传人去。”大家跟着麦芒的指示，来到工艺美术城，找到了刘氏留青竹刻传人刘老师。

“您好，刘老师。我们有件事想请您帮忙……”福小丫拿出准备好的竹片，把事情的来龙去脉一五一十地告诉了刘老师。

“原来是这样啊！我很高兴能帮到你们。”刘老师接过竹片，笑眯眯地说，“雕刻其实是一种特别有意思的艺术创作，你们猜猜，第一步应该做什么呢？”

“我知道！雕刻的第一步是要先把非遗小镇画出来！”心急的芭小墨迫不及待地抢答道。

“没错，小八哥你真聪明！你们看，咱们可以先画非遗小镇入口的牌坊，再像这样把街景勾勒出来……”刘老师一边讲解着，一边用毛笔在竹片上打草稿，很快就勾勒出了福匠街的大致轮廓，还把书小贝和她的小伙伴们也画了上去。在刘老师的生花妙笔之下，小镇街区精巧别致，小朋友们憨态可掬，十分传神。

“哈哈，这不是我们吗？刘老师画得真像啊！”书小贝被竹片上的画作惊呆了，忍不住伸手摸了摸。

“接下来，咱们要开始雕刻啦。”刘老师拿起一把小刻刀，在竹片上比画着说，“在雕刻过程中，我们要用到很多小技巧，比如怎样握刀、怎样用力等，目的是让线条更加流畅、立体。”

“哇，听起来好专业啊！”书小贝跃跃欲试。

“哈哈，你们要是有兴趣，也可以尝试一下，说不定能成为小小雕刻家呢！”刘老师笑着鼓励大家。

“我们可想试试了！可是……”芭小墨看着桌面上五花八门的特制刀具直发愁，“这么多刀具，咱们到底该用哪一把呢？”

“哈哈，留青竹刻是个精细活儿，为了雕出好看的作品，每一步都要用到不同的特制刀具。”刘老师笑着选了一把刀，为大家演示道，“咱们先用这把圈边刀把画稿的轮廓勾勒出来。你们看，运刀时刃口要朝向图案以外咱们不要的部分，以免破坏图案的轮廓。”

“哇，刘老师运刀就像写字一样行云流水，太厉害了！这一定需要很长时间的练习。”书小贝专注地看着刘老师的手法，问道，“接下来这步就是传说中的‘铲底’吧？我之前看过介绍，这一步需要铲去竹子的青皮，让里层的竹子露出来。不过，因为竹子的青皮超级薄，不到半毫米厚，所以运刀时要格外小心，否则容易伤到竹皮下被称作‘竹玉’的竹肌表层——

那是竹材最美的部分，万一伤到可就得重新开始啦。”

“哇，你知道的真多！”刘老师吹掉竹片上的竹屑，笑着说，“现在，我们要开始‘采皮’啦。这一步要用刻刀在竹皮上轻轻刮出深浅不一样的层次，就像画画时给画面上色一样。”

“要在这么薄的竹皮上刮出层次感，一定需要很高超的技巧！”麦小麦盯着渐渐成型的作品，忍不住感叹道，“如果不是亲眼所见，真是难以置信啊！”

“快好了，咱们再把细节修整一下。”刘老师笑着说，“最后再用平口起地刀对竹玉层进行细致的打磨，通常需要重复打磨五六遍，才能达到理想的光滑度和细腻度哦！”刘老师认真细致地对竹刻作品进行着最后加工，不一会儿，令人耳目一新的“非遗小镇”留青竹刻作品就完美地呈现在了大家眼前。

与此同时，一块金光闪闪的福字令牌也出现了，就像是从竹刻作品里跳出来的一般，令所有人都惊喜不已！

非遗宝藏

竹刻（莆田留青竹刻）

据文献资料及实物考证，早在唐代，中国人就开始利用竹材进行雕刻了。至明代时，竹刻已经发展成为一个独立的工艺门类，流传于福建莆田、福清、惠安、永春等地。清代乾隆时期，莆田刘氏第三十六代裔孙刘材成创办竹木雕作坊，享誉工艺界，莆田刘氏留青竹刻因此脱颖而出。

麦小麦告诉我们：莆田刘氏留青竹刻运用描、刻、挖、刮等技法，结合中国画的笔墨元素，注重刀法跟绘画笔法理论的统一，追求表现出变幻无穷的笔墨意韵和刀味。经过数百年的传承和发展，刘氏留青竹刻作品精巧绝伦、清逸雅致，既有版画之粗犷，又具丝绣之秀丽，极具东方审美韵味。2014 年，莆田留青竹刻入选第四批国家级非物质文化遗产代表性项目名录。

非遗宝地 莆田市城厢区

莆田市城厢区位于福建省沿海中部，是莆田市的政治、经济、文化、教育、科技中心。城厢区曾经是兴化府的府治所在地，拥有近1500年的置县历史，是莆田文化的发源地。城厢区自然景观优美，文化底蕴深厚，诞生过郑露、刘克庄、林龙江等许多著名的政治家、思想家、文学家，还出过175位进士。此外，城厢区还拥有千年古堰木兰陂、千年古刹南山广化寺等各级文物保护单位100多处，以及许多古民居、古街、古井等历史遗迹，承载了莆田的历史文化和人民的生活记忆。

福小丫告诉我们：宋代时，莆田的科举文化就已十分鼎盛，文化的发达推动了民间手工技艺的发展。当时，竹刻工艺品作为文人案头之雅玩，已十分流行。至明代，莆田留青竹刻已发展成为一门更加成熟且独立的艺术，并一直传承至今。莆田工艺美术产业发达，除留青竹刻以外，莆田木雕、金银器等工艺美术文化也蜚声海内外。

“朽木”也可雕

相信你们都听过“朽木不可雕也”这句俗语吧！它的意思是已经朽烂的木头无法再雕刻成精美的作品。不过，有个地方的能工巧匠却说：“‘朽木’也可雕！”不信的话，一起去瞧瞧呗！

“激动人心的时刻到了！非遗小镇又有了新的非遗宝物喽！”芭小墨欢呼着把莆田留青竹刻福字令牌放在控制台上。

刹那间，随着无数的“福”字从五彩光束里飞出，传承百年的留青竹刻作品一字铺开，一座竹刻展区瞬间就建成啦！展区一侧，无数的“福”字幻化成一幅长近4米、高2米多的大型竹刻作品《水浒108将》，将108位梁山好汉的英雄故事定格在108块精巧竹片上，令人叹为观止。

“好震撼的作品呀！太不可思议了，作品里的人物好逼真呀！”书小贝凑近作品，左瞅瞅，右瞧瞧。

“是呀！似乎只要招呼一声，这些好汉就会从作品中走出来。”麦小麦装作若无其事的样子，靠近作品中的一位好汉，打了个响指。

突然，“哗”的一声响，竹刻作品中的一位好汉走了出来，挥舞着丈八蛇矛，开口说道：“你好，我是莆田留青竹刻艺术作品《水浒108将》里的人物。八十万禁军教头林冲就是我，人称‘豹子头’是也。”

“啊？竹刻好汉真的活了！”书小贝惊呼起来。

还没等书小贝回过神，“啪——”一个清脆的击掌声响起，竹刻好汉又回到了作品中。她忍不住伸手摸了摸竹刻好汉的眉毛，感叹道，“好精湛的刀工啊！每个细节都活灵活现的。”

“好玩吧？你们也一起来跟竹刻艺术‘亲密互

动’吧！”麦小麦调皮地眨了眨眼睛，热情地招呼着周围的游客。

“哈哈，这么好玩！我们也来试试。”游客们纷纷学着麦小麦的样子打起了响指。

“非遗也可以很好玩哦！”麦小麦又给游客们示范了一遍怎么与竹刻互动，接着说，“你们玩得开心点儿，我们再去找其他的非遗宝物啦！”

“哎呀呀——”芭小墨突然大喊着扑棱棱撞进书小贝的怀里，全身羽毛乱蓬蓬的，“小主人，快帮我看看是什么怪东西把我的翅膀挂住了，害我差点儿翻了个跟斗。”

“哈哈，一块老树根而已嘛，我来帮你。咦，等一下……”书小贝若有所思地盯着手中的老树根，突然，她仿佛想到了什么，猛地一拍脑袋，喊了起来，“太好了，新的非遗宝物有眉目了！”书小贝一惊一乍的样子把大家都吸引了过来。

“哼，一块‘朽木’能跟非遗宝物有什么关系？”

芭小墨不屑地斜着眼睛，气呼呼地说，“都说‘朽木不可雕也’，我就不跟它计较了。”

“哈哈哈，瞧你这小样儿。”书小贝小心翼翼地捧着老树根说，“走，我们先去非遗学堂打卡，说不定有惊喜呢！”

非遗学堂大门开启，门内弹出一个对话框：深山藏瑰宝，朽木化神奇。你知道这是什么非遗宝物吗？

“我知道！是闽东根雕，就是福安和蕉城那一带的根雕！”书小贝举起手中的老树根自信地说。

“回答

正确！”麦小麦拾起金币，接着书小贝的话说，“唐朝时期，畲族人迁居到了闽东一带，给当地带来了畲族的根雕技艺。那时根雕可流行了！匠人们会用透雕和浮雕技巧，雕刻出精美的根雕造型，他们还给作品涂上漂亮的颜色。后来，福安和蕉城的根雕师傅们又学习了闽北的剔铲和保留木纹的方法，就创造了别具特色的闽东根雕啦！”麦小麦说完转动福币，大家瞬间穿越到了一个古老的小山村。

“哇！小伙伴们，快看这里！”福小丫兴奋地指着周围的古民居说，“这些房子都好有年代感啊，上面的雕刻真精致，简直就是艺术品！我感觉我们已经找到了藏宝地点——福安市虎头山下的楼下村！”

“小主人，咱们赶快看看接下来的任务是什么吧！”芭小墨着急地按下任务键，寻宝图徐徐展开，提示下一个目标是根雕艺术馆。

“听说闽东根雕的代表性传承人刘爷爷经常在那儿授课。我记得就在这个古老的村子里！”书小贝开心地跳起来，“咱们快把这块老树根带去给他瞧瞧吧！”

“那还等什么，赶紧出发吧！”福小丫拉起书小贝的手，一起欢快地向根雕艺术馆跑去。

走进根雕艺术馆，扑面而来的是一股大山里特有的木质清香。馆内展出的根雕作品仿佛在闪闪发光，彰显出匠人们非凡的聪明才智。非遗传承人刘爷爷正忙着用小刀雕刻他的作品，看到书小贝手里的那块老树根，他好奇地走过来，仔细地研究着树根的纹理，边看边微笑地点了点头，眼里闪烁着兴奋的光芒。

“刘爷爷，这块树根看起来脏兮兮的，还能雕刻吗？”芭小墨迫不及待地飞到树根上，好奇地问。

“当然可以，我的小客人！”刘爷爷自信满满地说，“这块树根虽然有点脏，但它也有自己的故事和美丽。我会用它雕出一件独一无二的艺术品，你们等着瞧吧！”

老树根的奇妙变身

书小贝手中的老树根到底是经过怎样的奇妙变身，才成为精美绝伦的艺术品的？它需要哪些独特的工艺呢？我们跟书小贝一起去探个究竟吧！

“根雕讲究‘三分人工，七分天成’，好的树根是根雕创作的关键。为寻找根材，我几乎跑遍了家乡的大小山头。每当发现一件理想的根材，我都能感受到无比的快乐和满足。”刘爷爷温柔地抚摸着眼前的老树根，爱不释手。

“小主人，快看！寻宝图又有新任务了。”芭小墨悄悄靠近书小贝耳边说，“这次的任务是让刘爷爷把这块老树根变成一件根雕艺术品。”

“哇，太酷了！”书小贝兴奋地把树根递给刘爷爷，“刘爷爷，您是闽东根雕的大师，您能让这块其貌不扬的老树根变废为宝吗？”

“当然可以，我很高兴帮忙。”刘爷爷接过树根看了看说，“这块老树根是很棒的雕刻材料。但是，我们要先做一些处理，防止它变形或裂开。”

“处理？是不是把它放在阴凉通风的地方自然晾干？”书小贝好奇地问。

“你说得对，那是自然晾干的方法。但记住，不能把它放在太阳下晒，也不能放在风太大的地方，以免树根开裂，还不能让雨水淋到，防止虫蛀。”刘爷爷一边清理树根上的灰尘一边说。

“哎呀，可是这块树根已经被虫子蛀坏了，要怎么办呢？”福小丫担心地问道。

“别担心，咱们可以用水煮法来对付这些小虫子。”刘爷爷气定神闲地笑着说。

“水煮法？那树根不是被煮熟了吗？”芭小墨惊

讶地问。

“哈哈，水煮法是家庭中比较常用的一种人工干燥法，就是先把树根放进水里煮大约五个小时，然后再晾干，这样既能干燥树根，又能杀虫防腐。”刘爷爷拿起树根说，“你们帮我清理一下工作台，我去用水煮法处理这块树根，防止这些小虫子捣乱。”

书小贝和小伙伴们帮刘爷爷清理好了工作台。过了几个小时，刘爷爷处理好了树根，开始准备雕刻。

“来来来，大家围过来，我教你们怎么雕刻。”刘爷爷让书小贝他们都围坐在工作台旁边，“雕刻之前，我们要先确定雕刻的主题，构思好整体的布局和重要的细节。咱们在构思时，既要大胆想象，也要尊重树根本身的自然美。我们要把树根的轮廓、颜色和线条等都巧妙地结合起来，让它们展现出音乐般的节奏，从而将作品的神韵表现出来。”刘爷爷一边讲解，一边认真地雕刻着。慢慢地，一块貌不惊人的老树根竟在刘爷爷的刻刀下，蜕变成了一位飘逸出尘的仙女！

“好美啊！这是嫦娥仙子吗？”书小贝被眼前的根艺作品惊呆了。

“是的，这是嫦娥奔月的故事。”刘爷爷笑着答道。

“你们看，刘爷爷充分利用了根材的独特形态，老树根的孔窍和纹理，都化作了仙气氤氲的云雾，真是太巧妙了！”福小丫拍着手赞不绝口。

“搞定！”刘爷爷放下刻刀的那一刻，根雕发出一道夺目的光芒，待大家再定睛一看时，“嫦娥”身上已经挂上了一块金光闪闪的福字令牌。

“刘爷爷真了不起！不仅让我们见证了老树根奇妙变身的过程，也为我们赢得了福字令牌！”芭小墨开心地在空中跳起了舞，“刘爷爷，谢谢您！我们要把这枚宝贵的令牌带回非遗小镇，让大家一起欣赏闽东根雕的艺术之美。”

非遗宝藏

根雕（福安、蕉城）

自唐代畲族迁入闽东一带，畲族根雕便在当地流传开来，其透雕与浮雕相结合并施以全彩的手法盛极一时，其中福安、蕉城的根雕工艺最具代表性。在之后的发展历程中，福安、蕉城的根雕工艺又吸收了闽北的剔铲、保留木纹等手法，形成了富有地域艺术风格的根雕工艺。2011 年，根雕（福安、蕉城）被列入福建省第四批省级非物质文化遗产代表性项目名录。

麦小麦告诉我们：福安、蕉城的根雕工艺多运用象征、抽象、变形、夸张等手法，以有限表现无限，简约凝练、意蕴深远、气势宏大，既注重保留根材的自然天趣，又能够运用现代雕塑的思维方式、造型风格和表现手法进行构思立意，彰显出美妙动人的现代雕塑艺术气息，展示了根雕艺术从朴拙的民间艺术到高雅的雕塑艺术的过渡，以及二者之间的巧妙融合，具有较高的艺术价值。

非遗宝地 福安市

福安市是福建省辖县级市，由宁德市代管，位于福建省东北部，是一座拥有700多年历史的古城。福安古城三面环山，赛江穿城而过，山的气度和水的灵秀造就了古城如画般的美景。福安不仅文化底蕴深厚，更是中国畲族人口最为集中的地区之一，畲族文化在此得到了很好的传承和发展。在这片充满魅力的土地上，还孕育出了一项璀璨的非遗技艺——根雕。

福小丫告诉我们：福安的根雕艺人凭借其精湛的技艺和独特的创意，将一块块普通的树根雕刻成栩栩如生、形态各异的艺术品。这些作品不仅具有极高的观赏价值和收藏价值，更是福安人民智慧和才情的结晶。

竹木精灵的魔法

遥远的小县城里生活着神秘的竹精灵和木精灵，它们的魔法被书小贝和芭小墨无意中唤醒了。这到底是怎么回事？跟书小贝一起去探个究竟吧！

“天呐！想不到在刘爷爷的妙手点化下，一块没用的老树根竟然变成了飘飞的仙女！”芭小墨绕着“嫦娥”飞来飞去，左看右看，简直不敢相信自己的眼睛。

“刘爷爷，谢谢您！我们会把这块闽东根雕福字令牌带回非遗小镇元宇宙世界，在那儿建一个闽东根雕数字展区。到时候，游客们不仅能看到您的作品，还能亲自动手体验根雕艺术的魅力呢！”书小贝开心地从“嫦娥”身上取下福字令牌。

“太好了！我们闽东根雕不仅有福安根雕，还有宁德蕉城区的蕉城根雕哦！希望非遗小镇的游客能欣赏到闽东地区不同风格的根雕艺术。”刘爷爷欣慰地说，“相信会有越来越多的人喜欢上根雕艺术的。小朋友们，再见！”

“刘爷爷，再见！”书小贝一回到非遗小镇，就迫不及待地把手中的福字令牌放上控制台的感应区。“我们回来啦！快看看我们带来的非遗宝物。”

刹那间，无数“福”字从控制台喷涌而出，建起了一座闽东根雕数字展区。接着，“福”字幻化成一件件精美的根雕艺术作品，有序地从空中缓缓落下，错落有致地摆放在展区的各个展台上。刘爷爷雕刻的“嫦娥奔月”缓缓落在最显眼的位置，发出耀眼的光芒。

突然，人群中爆发出一阵惊呼：“快看！‘嫦娥’要飞起来了！”只见头戴华丽发簪、身着广袖流仙裙的‘嫦娥’仙子，舞动着线条流畅的身体，缓缓飞向空中。

“真是不可思议啊！每件根雕艺术作品都演绎着

一个独特的故事。福匠街的非遗新玩法真是让我们大开眼界了！”一位游客竖起大拇指连声赞叹道。

“大千世界里，浩瀚天地间，只要我们善于发现美，美就无处不在、无时不在。”书小贝发自内心地感慨道，“当这些清香弥漫、栩栩如生的根雕艺术作品展现在我们面前时，谁还记得它们原本是被大多数人遗弃的废料？谁能想象得到它们原本粗糙、污浊甚至狰狞的模样？”

“没错。我想，这或许就是根雕艺术带给人们的最有意义的启示吧！”芭小墨认真地说。

“麦小麦，接下来我们去寻找什么宝贝呢？”书小贝已经迫不及待想要开启下一段奇妙旅程了。

“哈哈，下个宝贝的线索，就藏在咱们刚刚建起的这两个展区中哦。”麦小麦故作神秘地卖了个关子。

“新建的两个展区？那不就是竹刻展区和根雕展区吗？这和咱们要找的宝贝有什么关系呢？”书小贝挠了挠头，百思不得其解。

“竹刻、根雕……竹子、木头……啊！我知道了！”芭小墨开心地跳到书小贝肩上，昂着头用翅膀拍了拍胸脯，“咱们快去非遗学堂吧，保准能打卡成功！”

“哈哈，就知道难不倒聪明的芭小墨呀！”麦小麦带大家来到非遗学堂，触动了非遗学堂大门，门内弹出了一个对话框：流光溢彩，细密和匀，是青翠与伟岸碰撞出的灵感火花。你知道这是什么非遗宝物吗？

“我知道！是顺昌竹木工艺画！”芭小墨自信满满地举起翅膀抢答道。

“哐当”一声，非遗学堂抛出一枚金色的福币。福小丫接住福币，开心地晃动着头上的小榕叶说：“芭小墨，你真聪明！咱们快去顺昌县看看吧，那里四面环山、雨量充沛，漫山遍野都是青翠的毛竹和伟岸的杉木。我听说，那里还生活着神秘的竹精灵和木精灵呢！”

“精灵？那它们会变魔法吗？”书小贝按捺不住激动的心情。

“哈哈，去看看不就知道了嘛！”福小丫笑着转动福币，大家来到了南平市顺昌县。

“哇，这里真美啊！千山叠翠，万木争荣，顺昌可真是名副其实的‘森林生态银行’啊！我已经迫不及待想知道寻宝图的任务了。”书小贝深深吸了一口清新的空气，随即触动了寻宝区的任务键，“任务是：请到林中收集一些竹笋壳和杉木片。”

“这里最不缺的就是竹笋壳和杉木片了，我们可以收集一大袋回去。”书小贝一行跋涉过蜿蜒曲折的山路，来到郁郁葱葱的竹木林中，不到一会儿工夫，就装满了一大袋竹笋壳和杉木片。

“瞧好了！我将这几片竹笋壳和杉木片巧妙地组合在一起，就能形成一幅精美的画作！”芭小墨用它那尖尖的小嘴，巧妙地将竹笋壳和杉木片拼成了一只倒挂在树枝上的猴子。这时，“哗”的一声，无数发光粒子凝聚在一起，变出两个可爱的小精灵。

“嗨，大家好！我们是竹精灵和木精灵。芭小墨将竹笋壳和杉木片组合在一起，唤醒了竹木之间的神秘魔法。在魔法的召唤下，我们发挥各自特长，携手共同完成了这幅了不起的艺术品。”竹精灵和木精灵牵着手跳起了舞，“你们的第一个任务已经完成啦！接下来，请你们带着收集好的竹笋壳和杉木，穿越到宋代找宫廷画师谢道源学习竹木工艺画，把这门古老的技艺带回现代。当你们带着作品和当代非遗传承人胜利会师时，福字令牌就会出现的。”说完，竹精灵和木精灵便牵着手消失不见了。

宋代宫廷画“复活”了

传说中失传已久的宋代宫廷画长什么样子？它还能重现世间吗？我们跟书小贝一起“穿越”到宋代去看看吧！

“啊，不是我出现幻觉了吧？”书小贝使劲儿揉了揉眼睛，难以置信地问，“刚才是出现小精灵了吗？”

“千真万确！”麦小麦、福小丫和芭小墨异口同声回答道。

“没想到真的有竹精灵和木精灵呀！那我们赶紧穿越到宋代找谢道源画师吧！”书小贝二话不说就拉起小伙伴们的手走进时空隧道。他们的周围刮起一阵神秘的旋风，风势越来越猛，直到将他们完全包围。

书小贝紧张地闭上了眼睛，再睁开时，他们一行已经站在了一片古朴的村落前。

“这里是什么地方？看起来好古老啊！”芭小墨好奇地四处张望。

“根据竹精灵和木精灵的指引，我们应该是来到了建州府郭岩山下的梅岐里，也就是谢道源隐居的地方。”麦小麦挥手召唤出寻宝图，指着图上标记的位置说。

“应该是！谢道源是宋徽宗时期以竹木工艺画著称的宫廷画师，当年柔福帝姬公主去和亲时，她的嫁妆里就有四幅竹木工艺画花鸟条屏。靖康之难发生后，谢道源就离开了皇宫，带着家人搬到了南方。最后，他们就在建州府郭岩山下的一个名叫梅岐里的小村庄，用竹子和木头来造纸，以造纸和印刷为生。”福小丫晃了晃头上的小榕叶，一本正经地说。

四个小伙伴沿着蜿蜒的小径前行，穿过茂密的竹林，来到了一座简陋的茅屋前。茅屋前摆放着一些竹木制品，显得十分简朴而宁静。

“这里应该就是谢道源隐居的地方了。”书小贝说着，轻轻地敲了敲门。

门缓缓打开，一位白发苍苍的老者出现在门口，他微微一愣，微笑着说：“欢迎各位来到我的隐居之地，我是谢道源。”

大家惊讶地看着眼前的老者，没想到他们竟然真的找到了这位传说中的画师。

“谢爷爷，我们是从未来穿越过来的，希望能够向您学习竹木工艺画。”书小贝恭敬地说道。

“哦？你们也知道竹木工艺画？”谢道源赞许地点了点头，捋着长须说道，“很好，很好！看来这门技艺没有失传呀！竹木工艺画确实是一门博大精深的技艺，既然你们有兴趣，那就跟我一起学习吧。”

在谢道源的指导下，四个小伙伴开始了竹木工艺画的学习之旅。他们不仅学习了绘画技巧，还尝试动手制作竹木工艺画。经过一段时间的努力，他们终于掌握了这门古老的技艺，并在老师的指导下，绘制出了一只可爱的竹木小猪。

“耶！我们成功了！”书小贝激动地举起作品，“现在我们就带着这只竹木小猪回到现代世界，跟21世纪的非遗传承人谢老师胜利会师吧！”

大伙儿相视一笑，手牵手再次穿越时空隧道，回到了现代世界。

“谢老师您好！”书小贝刚打了声招呼，急不可耐的芭小墨就“嗖”的一声飞

进了非遗传承人谢老师的工作室，把嘴里叼着的竹木工艺画塞进谢老师手中，说道：“老师您看，这是我们亲手制作的竹木工艺画作品。”

“呀，这只小猪太可爱了！尤其小猪身上丝绒般晶莹顺滑的毛发，质感真好！”谢老师忍不住伸出手摸了摸，连连称赞道，“仔细一看，有几处技法竟像是传统的古法，感觉就像得到了‘祖师爷’的真传一样。”

“祖师爷？您指的是宋代宫廷画师谢道源老先生吗？”书小贝和芭小墨偷偷相视一笑。

“是的。”谢老师点点头，“宋代宫廷画师谢道源是竹木工艺画的‘祖师爷’，也是我们谢家的‘祖师爷’。不过，这门古老的技艺早在宋朝就失传了，仅留下一些文献记载。你们是怎么学到的呀？”

“嘻嘻，我们是穿越到宋代，找到了谢道源老先生，向他拜师学习的。”芭小墨绘声绘色地把他们穿越的经过描述了一遍。

“天啊！”谢老师不可思议地看着他们，不由得感慨道，“自从钻研宫廷竹木工艺画以来，我无数次通过文献和‘祖师爷’对话、在梦中与‘祖师爷’切磋，没想到，你们竟能穿越到宋代直接向他老人家请教。真羡慕你们！”

“谢老师，您好！”麦小麦上前一步，满怀期待地说，“请问您能不能给我们一幅您的作品，我们想在非遗小镇建一个竹木工艺画数字展区，让更多人欣赏到这项古老技艺的独特魅力。”

“当然可以啦！”谢老师笑眯眯地看着书小贝他们说，“瞧，这幅作品已经快完工了。我现在把画整平，利用材料本身的自然光泽和质地，结合温度的变化，处理一下熨烫的部位。”

谢老师小心翼翼地熨烫着竹木画，经过整理后的作品表面呈现出深浅不一的层次和色彩变化，波光粼粼、栩栩如生的作品展现在四个小伙伴眼前。书小贝不由得惊叹道：“哇，宋代宫廷画真的‘复活’了！”

就在这时，一块金光闪闪的福字令牌悄然出现在了工作台上。

来自龙灯的神秘召唤

古老的小山村灯火通明，家家户户热闹非凡。村民们是在干什么呢？我们一起去看看吧！

“哇，这块令牌真是太珍贵了！”书小贝用双手小心翼翼地捧着这块来之不易的福字令牌，激动得热泪盈眶。

“你们赶紧把福字令牌带回非遗小镇吧！希望竹木工艺画能为元宇宙世界里的游客带去欢乐的体验。”谢老师高兴地与书小贝一行告别。

“我们回来喽！”书小贝激动地举着手中的福字令牌，三步并作两步地跑向控制台，将福字令牌放到感应区。

霎时间，控制台上发出一道五彩斑斓的光芒，无数“福”字从光束中飞出，变成无数竹笋壳和杉木片缓缓飘落。

“咦？这是怎么回事？”游客被这一幕所吸引，大家互相看了看，然后齐刷刷把目光投向书小贝一行。

“嘻嘻，别着急，别着急。”芭小墨飞到空中转起了圈儿，那些飘落在地上的竹笋壳和杉木片也跟着旋转起来。随着它们旋转的速度越来越快，圆圈中心竟冒出了一幅幅精美逼真的竹木工艺画作品。“哇——”在游客们惊讶的欢呼声中，作品们欢快地飞到了展馆的墙面上。

“天哪！这些画竟然是由刚才那些竹笋壳和杉木片制作成的！”游客们激动地涌上前去，仔细欣赏着墙上展出的竹木工艺画，议论纷纷。

“是的。你们看，这些栩栩如生的动物形象、富有层次的色彩光泽和纹理分明的细致拼贴，都需要经过30多道工序才能完成哦。”福小丫介绍道，“有时仅粘贴毛发就需要重复上百万次，创作好几个月呢！”

“真是令人叹为观止啊！”游客们纷纷竖起大拇指赞叹道。

“嗨，大家可以来体验区哦！在这里，你们可以变身竹木工艺画大师，创作自己喜欢的作品哦！”书小贝热情地招呼着游客们。游客们兴奋地跑进体验区，纷纷开始动手制作属于自己的竹木工艺画。

“哈哈哈，游客们好开心啊！看样子我们的展馆很快就要装不下这么多漂亮的画作了！”芭小墨看着越来越多的游客们，不禁感慨道，“小主人，福建的先民们真的好聪明啊！他们用竹子做了好多厉害的非遗宝物，有留青竹刻，有竹木工艺画……对了，是不是还有个宝物是用竹子扎成的？”

“哈哈，我想起来了——‘龙灯’嘛！”书小贝眼睛一亮，“走，我们去非遗学堂看看。”说完，她触动非遗学堂大门，门一开，就弹出了一个对话框：

你们知道长汀童坊镇彭坊刻纸龙灯吗?

“当然知道啦！刚才还是我告诉小主人的呢！”芭小墨得意洋洋地挺起胸膛，“清代乾隆年间，彭坛村手工艺人彭景周将泉州的剪纸艺术和中原的元宵花灯艺术吸收进当地的传统龙灯制作工艺，并加以创新组合，便形成了刻纸龙灯这门独特的传统美术。”芭小墨自信满满地高昂着头，说得头头是道，“一条完整的龙灯主要由龙头、龙身、龙尾三大部分组成，整条龙的骨架以及作为龙身的灯笼骨架都是用竹篾扎成的，而龙头、龙尾、龙身灯笼的表面则采用了扎、刻、凿、剪、贴、裱等‘刻纸’相关工艺制成。”

“哐当……”福币刚从大门抛出，就被芭小墨用翅膀稳稳当当地接住了。

“厉害！”麦小麦开心地接过福币，“正好元宵节快到了，咱们一起去看龙灯吧！”麦小麦转动福币，带大家穿越到了长汀县童坊镇彭坊村。

“哇，好热闹的小山村！”书小贝一行被眼前热闹喜庆的场景惊呆了：随着夜幕渐渐降临，整个小山村被盏盏明灯打扮得有如仙境一般。

“你们看，寻宝图的任务是：请到村民家里，看看大家在干什么。”福小丫摸了摸自己圆溜溜的小脑袋说，“我也挺好奇的，咱们一起去看看村民们在干什么吧！”

他们穿梭在乡间巷陌，发现家家户户都在忙碌着，有的在扎制竹篾，有的在描绘图案，有的在凿刻色纸，还有的在装裱龙灯，每个人的脸上都洋溢着专注和喜悦。

“没想到家家户户都在制作龙灯。”在村里逛了一圈的书小贝兴奋地说，“或许这就是来自龙灯的神秘召唤吧！”

“是的。每年元宵节，这里家家户户都会扎制龙灯，并举行龙灯巡游，听说那场面可热闹了！”福小丫指着前方说道，“你们看，村民们提着亲手制作的龙灯，往祠堂方向出发了。”

舞动的客家图腾

龙灯翩翩起舞的壮观场面太令人震撼了！现在，就让我们一起加入这场欢乐盛会吧！如果你足够细心，没准还能发现龙灯里藏着的客家秘密呢！

“大家快看！这些刻纸龙灯形态各异、色彩斑斓，就像在争奇斗艳一般。”芭小墨开心地穿梭在龙灯之间，尽情欣赏着龙灯上的图案，“这个是‘双龙戏珠’，这个是‘五谷丰登’，哈哈，这边还有神话故事……这些刻纸图案都好精美啊！”

“你们发现了吗？所谓刻纸龙灯，实际上是‘凿’出来的。”麦小麦比画着讲解道，“村民们先将这些吉祥喜庆的图案底稿绘制在柔软的色纸上，再将色纸垫在圆木上，用刻刀精心凿刻出各种图案，最后裱贴到灯笼上，就成了我们看到的这些精美的刻纸龙灯。”

“嗯嗯，我还发现村民非常讲究凿刻的顺序。他们是从里到外、由粗到细依次凿刻，刻好主图后再沿外缘凿刻一圈作为点缀，刻点多为细密而有立体感的小圆点、小三角形或小长方形。”芭小墨十分仔细地研究着龙灯上的图案，小眼珠子都快贴到灯面上了。

“哇，没想到刻纸龙灯有这么多的讲究！”书小贝开心地手舞足蹈，“快看，寻宝图解锁了新任务：请跟村民一起‘驳灯’，并参加游龙和舞龙。”

“什么是‘驳灯’呀？”芭小墨从灯笼后探出小脑袋问道。

“驳灯就是将制作好的灯笼接驳在一起，连成一条长长的龙身。”福小丫指着广场上的数百盏刻纸龙灯说，“你们看，村民们正抬着灯笼去广场集合呢，咱们快过去帮忙吧！”

“太好了，我可想试试了！”芭小墨满怀期待。

“来，咱把一对或两对灯笼固定在五尺长的木板上，灯内放置一支蜡烛，这样一节龙身就接好了。就像这样……”福小丫为大家演示着如何操作。

“大家一起驳灯的过程好有仪式感啊！其中是不是有什么寓意呀？”书小贝一边学着福小丫的样子固定灯笼，一边好奇地问道。

“当然啦！驳灯意味着全村人相互团结，凝聚成龙。”福小丫双手扶着固定好的灯笼说。

“砰！砰！砰！”彭坊石乡坪方向传来

三声铳响，人群中爆发出一声欢呼。福小丫兴奋地叫起来："铳响了，游龙灯要开始啦！"只见村民们纷纷在祠堂点上香，放响鞭炮，然后点亮自家做的灯笼，照得祠堂里亮堂堂的。接着，年轻力壮的小伙子们扛起龙头、龙尾，走到石乡坪。大家用撑杆把龙的各个部分一节一节地接起来，最后连上龙尾——霎时间，三条由数百盏刻纸龙灯组成的巨龙出现在了广场上。

"大功告成！"书小贝激动地跳起来，"哇，好神气的巨龙啊！"三条巨龙抖了抖身子，昂首睥睨，发出耀眼的光芒，书小贝不觉看呆了，直到听到人群中再次爆发出一阵欢呼，才回过神来。

"游龙开始喽！"村民们高举着巨龙，欢呼着行进。三条巨龙在灯牌的引导下，绕着三个自然村的田间小道呈"8"字形线路游走，然后汇聚到石乡坪广场上，围成三个圈持续盘旋。

"哈哈，你们听到'龙灯的密语'了吗？"芭小墨一边跟着龙灯游走的线路在空中欢快盘旋，一边高声喊道，“‘8’字走，发发发！游三圈，三星照！全村人民环环相扣、团结一心、兴旺发达！”

在一阵掌声和欢呼声中，游龙表演逐渐落下帷幕，三条龙巧妙地融为一体，化作了一条气势磅礴的长龙。

“快看，它舞动起来了！如诗如画的‘游龙戏水’、惊险刺激的‘钻龙身’、超高难度的‘跃龙门’……看来龙灯不仅蕴含着丰富的密语，还有着令人叹为观止的舞姿呢！”书小贝激动地拍起手来。

节日的鞭炮声震耳欲聋，乐队的演奏响彻天际，

长龙的舞姿震撼人心，场面热闹得不得了！全村男女老少手牵手、心连心，不论姓氏、不分家族，都聚在一起欢庆。他们齐心协力舞动的不仅是龙，更是客家的骄傲与图腾，是客家人对美好生活的向往与追求。

“哇，快看龙头！”书小贝指着龙头方向跳了起来。大家顺着书小贝手指的方向看去，原来龙头上早已挂上了一块金光闪闪的福字令牌。

非遗宝藏

灯彩（长汀童坊镇彭坊刻纸龙灯）

长汀童坊镇彭坊刻纸龙灯起源于清乾隆十六年（1751 年），是由彭坊村彭姓第十五世祖彭景周将福建泉州的刻剪纸艺术、中原的元宵花灯艺术与当地的传统龙灯制作工艺创新结合而形成的传统美术。彭坊刻纸龙灯集美术、书法、雕凿于一身，工艺复杂、风格独特、精致细腻，表达了客家人对美好生活的向往与追求，被列入第四批福建省非物质文化遗产代表性项目名录。

麦小麦告诉我们：巡游刻纸龙灯是童坊镇元宵节的传统客家习俗，一条条五彩斑斓的龙灯象征着古镇居民蒸蒸日上的生活。巡游龙灯活动能够凝聚人心、激发团结奋进的精神，对研究客家文化的形成与发展具有一定的参考价值，对丰富和完善龙图腾文化、刻剪纸文化以及花灯文化也有着重要的意义。

非遗宝地

龙岩市长汀县

长汀县古称“汀州”，坐落于福建省西部。这里不仅拥有深厚的红色文化底蕴，还洋溢着浓郁的客家风情。作为闽西客家文化的发源地之一，它被誉为“客家首府”。这里历史悠久，长汀古城墙、朝斗岩等名胜古迹见证了其丰富的历史文化积淀。1994年，长汀被国务院批复为第三批国家历史文化名城。

福小丫告诉我们：千年古城长汀拥有绚丽多彩的非物质文化遗产，从精致细腻的手工细面制作技艺和风味别致的客家豆腐干制作技艺，到工艺精美的彭坊刻纸龙灯，再到富含深意的龙灯巡游、涂坊迎花灯等传统节庆习俗，这些非遗文化巧妙地融合了长汀的传统手工艺、特色美食与民俗风情，彰显了客家文化的独特韵味，承载着长汀深厚的历史底蕴与人文情怀。

画好的画被破开了

纸织画社里，一幅好好的画竟被利刃破开，整幅画被切成了无数细长的纸丝。这到底是怎么回事呢？我们跟书小贝一起去探个究竟吧！

“太棒了，挂着福字令牌的龙头更神气了！”芭小墨跟随舞动的龙头起舞，顺势一个俯冲，用嘴叼下福字令牌抛给书小贝。

“幸亏有你，芭小墨！”书小贝接住芭小墨抛下来的福字令牌，激动地说，“我们赶紧把这块福字令牌带回去，让我们的福匠街区也热闹热闹。”说完，书小贝触动穿越键，大家回到了非遗小镇。

“嗨，我们回来啦！看看我们带回了什么宝贝！”

书小贝一边跟小镇里的游客打招呼，一边开心地将令牌放在控制台上。霎时间，绚丽的五彩光芒照亮了整个元宇宙世界，无数的“福”字从五彩光束中飞出，幻化成一盏盏美丽的龙灯，在福匠街上空翩翩起舞。

“好美啊！如果我们也能亲手做一盏刻纸龙灯就更棒了！”游客们眼中闪烁着兴奋和喜悦的光芒。

“嗨！大家可以来体验区体验刻纸龙灯制作哦！”福小丫热情地招呼着游客们。

“太棒了！这是我们从未有过的体验！”游客们不禁发出感叹。当游客们把手中制作好的龙灯接驳起来后，他们惊讶地发现，这条巨型龙灯竟仿佛有了生命一般舞动起来！只见龙灯穿梭在福匠街区的各个角落，时而腾空盘旋，时而飞向游客，与大家亲密互动。

“天呐！龙灯竟然活了！”书小贝兴奋地拉起麦小麦和福小丫的手，三人一起跳起了欢快的圆圈舞，芭小墨则开心地在空中和龙灯一起盘旋飞舞。

“太奇妙了！刻纸龙灯的龙身表面精美的‘刻纸’

制作工艺，让我们感受到了传统文化的魅力。”福小丫望着龙灯感叹道，“这不禁让我想起另一种和纸有关的非遗宝物，它以细腻入微的纸织技艺，展现了中华文化的博大精深。”

“哎呀，你就别卖关子啦！我们快去寻找你说的非遗宝物吧！”小伙伴们迫不及待地冲向非遗学堂。

“到底是什么非遗宝物呢？”芭小墨好奇地用尖尖的嘴巴轻轻叩开了非遗学堂的大门。门内弹出了一个对话框：请问被称为“中国四大家织”的民间传统手工艺术品有哪些？

“这……我只知道杭州丝织画和苏州缂丝画。”书小贝一脸茫然，向芭小墨投去求助的眼神。

“小主人，让我想想……还有四川竹帘画，至于福建跟‘纸’有关的是……”芭小墨也被难住了。

“哈哈，是福建永春纸织画啦！”福小丫立刻接上了芭小墨的话，“永春纸织画创始于隋末唐初，至今已有1000多年的历史啦！”

“哐当”一声，福币终于抛了出来。书小贝一把接住福币，有些懊恼地挠了挠头：“唉，说来真惭愧！永春县还是我的祖籍地呢，居然忘了老家有这么珍贵的非遗宝物。咱们赶快去永春寻找非遗宝物吧！”说完，书小贝急忙转动了福币，大家一起穿越到了永春县桃溪畔。只见桃溪沿岸种植了大片的桃树，来到这里仿佛置身粉色花海，难怪永春又被称为“桃城”。

“哈，寻宝图任务键藏在这里！”芭小墨兴奋地绕着桃花飞来飞去，惊喜地发现寻宝图的任务键就藏在桃花丛中。它用尖尖的小嘴触动了任务键，寻宝图徐徐展开。“任务是：寻找纸织画非遗传承人。这要去哪里找呀？”芭小墨苦恼地用翅膀挠了挠小脑袋。

书小贝皱着眉头思索片刻后，一拍脑袋喊道：“有了！我们去永春县美术家协会，那里肯定能找到线索。”

“英雄所见略同！”麦小麦点点头，触动穿越键，带大家一起来到了美术家协会。

“快来这儿，这里有纸织画创作室呢！”眼尖的芭小墨立刻发现了门口的挂牌，挥着翅膀招呼大家过去，“这里挂着好多画好的国画。咦？这些画看起来似乎与一般的国画不太一样，不仅色彩更加艳丽，而且浓淡分明，轮廓清晰。”

“天啊，不要！”书小贝突然捂住了眼睛，不忍心看。原来是一位工作人员正在用裁纸刀和尺子将一张画好的画裁割成极细的纸条。

“您好，请问为什么要将好好的画裁开呢？”芭小墨也心疼极了，忍不住飞上前询问道。

“别紧张，我们是在为制作纸织画做准备呢。”工作人员微笑着解释，“这种裁剪方式能使编织后的纸织画在保持色泽的同时，产生一种朦胧的美感。”

“原来是这样！”书小贝松了一口气，吐了吐舌头说，“真是长见识了！我真是孤陋寡闻啦。”

指尖飞弹出奇画

用手指弹出一首优美的曲子不是什么新鲜事，但如果用手指在纸上“弹”出一幅令人惊叹的画作呢？书小贝已经被这神奇的指尖弹画惊得目瞪口呆啦！快跟上书小贝的脚步，一起去感受永春纸织画的神奇魅力吧！

“打扰一下，请问我们可以进来参观吗？”麦小麦面带微笑，恭敬地向工作人员询问道。

“当然可以啦！”工作人员放下手中的工具，笑容满面地走上前迎接道，“欢迎你们！正好，纸织画非遗传承人周老师正在里面创作纸织画呢！”

“太棒了！我们刚好要寻找一位纸织画非遗传承人呢！”书小贝激动地摩拳擦掌，急切地说，“我们如果能顺利完成任务，就能将纸织画这一非遗宝物带回非遗小镇元宇宙世界。快带我们去找周爷爷吧！”

大家跟随工作人员走进工作室，只见一位白发苍苍的老者正聚精会神地坐在一幅被裁切成仅有不到2毫米宽细纸条的画作前。他的双手正在纸条上轻盈地跳跃飞舞，宛如弹奏一首美妙的乐曲。

“这位便是周爷爷了。”工作人员轻声为书小贝他们介绍道，“你们瞧，他将画作的头尾巧妙地连接起来，作为经线，再用同样宽度的白宣纸作为纬线，经纬交织，就像织布一般。完成后的纸织画宛如披上了一层薄薄的轻纱，朦胧而神秘。”

“嘿，小朋友们！欢迎来到奇妙的纸织画世界！”周爷爷热情地挥手招呼孩子们。

“滴——”福小丫头上的小榕叶闪动起来。“哈哈，寻宝图自动解锁了任务二。我看看……”福小丫说着，打开了寻宝图，“原来第二个任务就是向周爷爷学习制作纸织画。”

“太好了，我正想向周爷爷学习呢！”书小贝满怀期待地问，“周爷爷，我们可以跟您学习制作纸织画吗？”

“当然可以了！跟我来！”周爷爷笑着带孩子们来到旁边的工作台，指着工作台上编织到一半的半成品，为孩子们讲解道，“纸织画的制作工序非常复杂。其中，绘画、剪裁、编织和裱褙是最关键的四个步骤。”

“哇！好精细的经纬线啊！要剪裁到每一条线都一样宽，还要相互平行，这得练习多长时间才能学会啊！”麦小麦和福小丫趴在工作台边缘，看着那些整齐划一的经纬线惊叹不已，“真想体验一下这门手艺！”

“没问题！”周爷爷继续说，“不过，纸织画是一门需要耐心和细心呵护的手艺，在制作过程中，你们需要全神贯注、小心翼翼，因为柔软的纸条很容易断裂，一个小疏忽就可能影响作品的完成度哦！”

“咱们从哪里开始体验呢？”芭小墨绕着画作仔细研究了一番，“绘画和剪裁没有长时间的苦练肯定是学不会的……编织是不是稍微简单一点儿？”

“看似简单，但其实有很多讲究。”工作人员边说边将一些裁剪好的画作放在特制的纸织机上，“不仅要充分掌握编织技巧，还要注意气候条件呢。”

“画画和气候也有关系吗？”书小贝一脸问号。

“是呀，老一辈艺人常说，‘春夏不开工’，你们不妨开动开动小脑筋，猜猜是为什么？”周爷爷笑着逗大家。

“我想想……”芭小墨用翅膀挠了挠头，突然一拍脑袋，“我知道了，一定是和纸张有关！春夏季节气候潮湿，纸张容易受潮变形。为了避免气候因素对纸张造成的影响，工匠们一般选择在秋冬季节制作纸织画。”

“聪明的小八哥，你说得很好！”周爷爷慈祥地笑着说，“小朋友们，准备好了吗？让我们一起把这些细长的纸条编织成美丽的画作吧！”

书小贝和小伙伴们每人拿着一小幅半成品，围着周爷爷坐成一圈认真听讲。周爷爷一边示范，一边为大家讲解道："想象一下，你们正在织一件漂亮的毛衣，或者编一个美丽的花环。编织时要注意力度，不要太紧也不要太松，这样才能编织出完美的纹理。"

起初，书小贝和小伙伴们有些手忙脚乱。但在周爷爷的指导下，他们逐渐掌握了编织技巧，指尖快速飞弹，编织动作愈发熟练起来。

"终于完成啦！"书小贝开心地举起手中的纸织画，满意地欣赏着自己亲手织成的画作。等她回过神时，工作台上已经出现了一块金光闪闪的福字令牌。

非遗宝藏

永春纸织画

纸织画是永春特有的民间传统手工艺术品，它与杭州丝织画、苏州缂丝画、四川竹帘画并称为“中国四大家织”。永春县地处闽南山区，盛产竹子，竹编产业发达。受民间竹编的启示，文人与艺人合作，在唐朝出现了纸织画的雏形，至今已有1300多年历史。2011年，永春纸织画被列入第三批国家级非物质文化遗产名录。

麦小麦告诉我们：永春纸织画历史悠久、题材广泛、内容丰富多彩，从人物、故事到山水、花鸟等，应有尽有。作为平面工艺画，纸织画的制作工艺十分复杂，整个制作过程要经过构思、绘画、剪裁、编织、补色、点神、裱褙等一系列工序。纸织画近看纸痕交织、经纬分明，远观则色彩淡雅、朦胧缥缈，如隔帘观月，又似雾里看花，通过光线和景物的配合，巧妙地形成其特有的视觉艺术效果，令人赏心悦目、回味无穷。

非遗宝地
泉州市永春县

永春县地处福建省东南部、晋江东溪上游，隶属于泉州市。泉州虽然位于沿海地区，但永春却属于沿海中的内陆丘陵地带，气候潮湿多雾，景物常笼罩在烟雨迷蒙中，别具情趣。永春境内多山，山中遍种竹子，竹编业非常发达，纸织画这门工艺，就是受到竹编技艺和多雾气候的启发而创造出来的。

福小丫告诉我们：据传，陈后主之子陈敬台率族人及宫中百工逃亡至永春时，随军的宫廷画师发现当地百姓喜欢在竹编器具上写字做标记，墨汁与竹编结合后产生的效果亦真亦幻、别具一格，于是便将中国画艺术与当地竹编工艺相结合，创造出了一个独特的新画种——纸织画。永春纸织画于唐初萌芽，于盛唐趋向成熟，宋代便已经由泉州“海上丝绸之路”远销东南亚各埠，成为富贵人家的柜中珍品。

拖鞋上的浮雕艺术

匠人针线翻飞，五彩玻璃珠在布上跳跃，编织出华丽的浮雕画卷。原本看似寻常的拖鞋，竟摇身一变成为精致的非遗艺术品。让我们跟随书小贝的脚步，一起感受拖鞋上的浮雕艺术之美吧！

“谢谢周爷爷！我们的作品完成了，福字令牌也出现了！”书小贝兴奋得手舞足蹈，她心满意足地感叹道，“怪不得古人形容永春纸织画是‘是真非真画非画，经纬既见分纵横’，这淡雅的色彩、朦胧的美感，真是美不胜收啊！”

“太棒了，太棒了！你们都是聪明伶俐的孩子！”周爷爷看着他们的作品，竖起大拇指夸奖道。

麦小麦开心地拿起桌上的福字令牌，对周爷爷说：“周爷爷，我们会把这块福字令牌带回非遗小镇元宇宙世界，在那里建设一个永春纸织画数字展区。”

“太好了！还记得当年纸织画从永春走向世界，先后被选送到40多个国家展出，成为国际交往的‘友谊使者’。如今，因为有你们，永春纸织画又从现实世界走向虚拟世界了。”周爷爷欣慰地跟他们告别。

一回到非遗小镇，麦小麦就迫不及待地把福字令牌放在控制台感应区。霎时间，无数“福”字从五彩光束中飞出，化作一条条经纬纸线，在空中随风起舞，交织成一幅幅美丽的纸织画。

随后，纸织画们像听话的孩子一样，摇摇摆摆地在空中排着队，有序地把自己挂到展馆的墙上。游客们看得目瞪口呆，不禁揉了揉自己的眼睛，惊叹道：“这真是太神奇了！纸张竟然能织出如此美妙的画作！”

“大开眼界了吧！”书小贝得意地说，“大家可以去体验区亲手制作自己喜欢的纸织画哦！”

“太好啦！”游客们纷纷挑选自己喜欢的作品，开始制作纸织画。“我想制作一幅悬挂在热闹的厅堂……”“我要点缀书房……”“我也要……哎哟，我的拖鞋。”一位游客急得跑掉了拖鞋。

“慢慢来，别摔着！喏，这是你的拖鞋。”麦小麦眼疾手快地捡起拖鞋，递到游客手中。

“哈，拖鞋！我怎么把这宝物给忘了呢？”书小贝兴奋地对小伙伴们说，“走，去非遗学堂打卡。”

“拖鞋？拖鞋和宝物有什么关系……哎！小主人，等等我呀！”芭小墨还没反应过来，书小贝就一溜烟儿跑没影儿了。

非遗学堂大门开启，弹出一个对话框：纫针缕练绣文采，络金缀珠绽芳华。你知道这是什么非遗宝物吗？

“那肯定是厦门珠绣啦！”书小贝昂首挺胸，自信满满地说，“厦门珠绣是用玻璃珠和闪闪发光的电光胶片缀绣而成的刺绣艺术品，它运用凸绣、平绣、串绣、粒绣等多种传统工艺手法，绣制出浅浮雕式的图案。在光线的照射下，那些图案就会闪烁着五颜六色的璀璨光芒，美极了！”

“原来如此！难怪你一看到拖鞋就想起来了。珠绣拖鞋可不就是厦门珠绣的代表产品吗！”芭小墨激动地跳到书小贝肩头，用嘴接住非遗学堂抛出的福币。

“哈哈哈，你可算反应过来啦！”麦小麦笑着取下芭小墨嘴里的福币，说道，“咱们快去厦门寻宝吧！”麦小麦轻轻转动福币，大家瞬间穿越到了厦门。

“我来看看寻宝图里有什么任务。”福小丫触动寻宝区的任务键，寻宝图徐徐展开，“任务一：前往20世纪80年代的大同路寻找珠绣拖鞋。”时空隧道缓缓开启，大家来到了20世纪80年代的大同路。

“哇！这里有好多漂亮的珠绣拖鞋啊！”芭小墨激动地飞来飞去，一会儿飞到店铺里欣赏琳琅满目的珠绣拖鞋，一会儿又被街上行人脚上的珠绣拖鞋吸引住了目光，“瞧这熙熙攘攘的街道，无论是青春洋溢的姐姐们、风韵犹存的阿姨们，还是慈祥可亲的奶奶们，都踏着那双闪闪发光的珠绣拖鞋，仿佛是在进行一场华丽的时装秀。”

“是啊！这些鞋面上的浮雕图案各式各样，有的典雅脱俗，有的俏皮可爱，每一双都美得让人心动不已。”书小贝看着那些一闪一闪的拖鞋从眼前走过，羡慕得不得了。

“在20世纪80年代，大同路可是非常有名的‘珠绣拖鞋一条街’呢！”福小丫骄傲地说。

“哇，这大街小巷里不仅随处可见珠绣拖鞋的身影，还有不少生产珠绣拖鞋的厂房呢！”芭小墨不知什么时候已经悄悄溜了一圈回来了，它激动地汇报着自己的发现，“大同路、中山路、定安路……从家庭式的小作坊、珠绣合作社，到皮件鞋帽厂中的珠绣拖鞋车间，再到规模宏大的珠绣拖鞋厂，这里应有尽有，简直就是一个‘珠拖时尚王国’啊！”

绣针为笔珠为墨

在非遗传承人老师的指导下，书小贝一行以绣针为笔、彩珠为墨，在绚烂的珠绣世界里尽情挥洒。准备好了吗？让我们一起跟随他们的脚步，走进这个五彩斑斓的珠绣世界吧！

“好啦，我们已经完成了第一个任务，现在该去完成第二个任务了。”书小贝兴奋地打开寻宝图，眼中闪烁着期待的光芒，“第二个任务是向厦门珠绣的非遗传承人学习珠绣技巧。可是咱们要去哪里找传承人老师呢？”

“哈哈，咱们先回到 21 世纪，到时你就知道啦。”麦小麦调皮地卖了个关子，挥手召唤出穿越键。

“这么快就要回去啦？我真有点舍不得这些美丽的珠绣拖鞋呢……”福小丫轻轻抚摸着店铺里陈列着的珠绣拖鞋，眼神中满是不舍，“这些精美绝伦的珠绣拖鞋，不仅深受国人喜爱，还曾远销东南亚，成为新娘们的嫁妆首选。珠绣制品在这个时代的影响力，丝毫不亚于后来的‘潮流单品’！”

麦小麦笑着拉起小伙伴们的手说：“别感伤了！我带你们去厦门的珠绣技艺传习所，那儿可是一个充满魔力的珠绣世界哦！如今的珠绣已经不再局限于拖鞋鞋面了，它还拓展到了服饰、配件、箱包等各种产品上，创新无处不在！”说完，他们一起穿越回了21世纪，来到厦门的珠绣技艺传习所。一位满头银发、气质不俗的短发女老师微笑着出来迎接大家。

“是厦门珠绣的非遗传承人谢老师！”眼尖的福小丫一眼就认出了谢老师。书小贝眼睛一亮，上前一步说：“谢老师，您好！我们几个小伙伴都想跟您学习珠绣技艺。学成后，我们就可以赢取福字令牌，在非遗小镇元宇宙世界建一座厦门珠绣数字展区，让更多的人了解和传承这项美丽的技艺。”

谢老师听了，脸上露出了欣慰的笑容：“你们的想法非常好！珠绣是一门非常有特色的传统技艺，需要更多的年轻人来传承和发扬。既然你们有兴趣，我就一定会倾囊相授。”

“太好了！那我们该如何开始学习呢？”书小贝好奇地问道。

“你们看，这图案是用各种颜色的玻璃珠子绣制而成的，每一颗珠子都要经过精心挑选和绣制。”谢老师一边展示着她的作品，一边拿起一颗珠子示范道，“因此，首先你们需要学会如何挑选合适的珠子。”

书小贝和小伙伴们围坐在谢老师的身旁，聚精会神地听她介绍着每种珠子的特点及其适用的布料、适合的图案等等。

“谢老师，这颗珠子我挑得对吗？”书小贝拣起一颗晶莹剔透的珠子，小心翼翼地询问。

“很好，这颗珠子的颜色很别致。”谢老师赞许地点点头。

“那我呢？我选的这颗珠子怎么样？”芭小墨也迫不及待地展示自己的选择。

“你的眼光也不错，这颗珠子的光泽度很好，绣出来的图案会更加亮丽。”谢老师微笑着点点头，接着说，“接下来，我会教你们如何将这些珠子绣制到布面上。”谢老师耐心地讲解着绣制图案的每一个步

骤。她的每一句话、每一个动作都令小朋友们对珠绣这门古老的艺术有了更深的理解。

在谢老师的指导下，小朋友们开始尝试自己绣制珠绣图案。起初，他们的动作显得有些笨拙，针线在布面上穿梭时，不时出现小小的失误。但他们并没有气馁，而是相互鼓励，不断尝试。随着时间的推移，小朋友们的技巧逐渐娴熟起来。他们以绣针为笔，在布面上尽情挥毫；以彩珠为墨，泼洒出绚烂色彩。经过大家的共同努力，一只栩栩如生的珠绣翠鸟诞生了。翠鸟的羽毛上闪烁着五彩斑斓的光芒，仿佛随时都会振翅飞翔。

“我们做到了！”书小贝和小伙伴们欢呼雀跃，为自己的作品感到骄傲。

这时，金光闪闪的福字令牌悄然出现在他们的工作台上，仿佛是对他们的努力的最好肯定。

非遗宝藏

厦门珠绣

厦门珠绣手工技艺是用玻璃珠和电光胶片在丝绒面上绣出各种花鸟图案的独特制作技艺，其技法有凸绣、平绣、串绣、粒绣、乱针绣、竖针绣、叠片绣等，作品呈立体浮雕式图案，在光线照射下可呈现出不同的色彩与光影效果，具有珠光璀璨、绚丽多彩、层次分明、立体感强、新颖别致的艺术特色。

麦小麦告诉我们：厦门珠绣的历史可追溯至20世纪20年代。当时一些华侨从海外带回了由玻璃珠点缀的绣花拖鞋，当地手工艺人受此启发，便设法从国外捎回各种玻璃珠子，并结合我国传统的绣制技艺，在鞋面上绣出各种花鸟图案，由此造就了中西合璧、别具特色的厦门珠绣。厦门珠绣既具新潮、时尚的西方浪漫风格，又有精致、典雅的东方文化和民族魅力，不仅是精美绝伦的手工艺品，也是闽南民间近代工艺史的重要见证和闽南海洋文化的典型代表之一。2021年，厦门珠绣被列入第五批国家级非物质文化遗产代表性项目名录。

非遗宝地

厦门市

厦门是一座融合了东西方文化的滨海之城，宛如一颗璀璨的明珠镶嵌在中国东南沿海。作为闻名遐迩的侨乡，厦门见证了无数华人华侨的足迹与梦想。他们带着家乡的期盼与祝福，勇敢地迈向世界舞台，又将异国的精彩带回家乡，共同织就了厦门的繁荣篇章。漫步在厦门的街头巷尾，侨乡的独特韵味无处不在，仿佛在诉说着一个个动人的故事。

福小丫告诉我们：厦门珠绣曾引领了鹭岛百年风尚并风靡南洋，是厦门响当当的“城市名片”。20 世纪 20 年代，珠绣个体工坊云集大同路，成为名副其实的“珠绣一条街”。20 世纪七八十年代，厦门珠绣拖鞋厂成立，厦门珠绣迎来发展的顶峰，其产品花色品种繁多，涵盖珠绣拖鞋、珠绣挂图、珠绣包等 100 多种款式，远销 58 个国家和地区。当时，厦门珠绣屡获殊荣，曾获全国工艺美术百花奖银奖、首届北京国际博览会金奖等奖项，珠绣挂图《厦门海堤》《龙凤戏珠》等还被选为国礼赠送国际友人。如今，厦门珠绣已有了第五、六代非遗传承人，传统技艺正在重获新生。

木偶界的超级英雄

经过几代人的传承，漳州木偶头雕刻技艺愈发精湛，创造出了无数栩栩如生、形态各异的经典形象。现在，就让我们跟随书小贝的脚步，一同揭开漳州木偶头雕刻的神秘面纱，探寻它们背后的故事吧！

“呀，太好了！”书小贝摸了一把额头上的汗珠，爱不释手地盯着他们创作的作品，激动地说，“瞧，翠鸟也跟我们一样开心呢！”

“你们真有创意。”谢老师和蔼地抚摸着书小贝的头说，“孩子们，相信你们回到非遗小镇后，一定能把厦门珠绣发扬光大！”

“谢老师，您放心！我们这就回非遗小镇，把厦门珠绣非遗展区建起来。”书小贝他们恋恋不舍地跟谢老师告别，一起回到福匠街。

“哇，福匠街越来越热闹了！”芭小墨在充满古朴韵味与现代科技相融合的建筑间穿梭，绕过各式各样的传统非遗手工艺品，用爪子拾起福字令牌放到控制台的正中央。

当福字令牌落下时，无数“福”字喷涌而出，幻化成无数的玻璃珠子，它们互相碰撞，发出清脆悦耳的声音和闪耀夺目的光芒。顷刻间，各种各样流光溢彩的珠绣拖鞋、包袋、饰品、挂图等分门别类地摆放在展馆里，五彩斑斓的珠绣展区吸引来了大批游客。

“天啊，这就是神奇的厦门珠绣！”游客们惊喜万分地感叹道，“看啊，这些五彩玻璃珠静静地闪烁着光芒，如同夜空中的点点繁星，呈现出曼妙优雅、华丽动人的光影效果，真是太令人惊叹了！”

“嘿，各位，想给自己亲手绣一双独一无二的珠绣拖鞋吗？那就快来体验区吧！”芭小墨一声招呼，体验区瞬间变得热闹非凡、人潮涌动。

“哎哟喂，挤死我了！幸好我会飞，不然就出不来了！”芭小墨费尽九牛二虎之力，好不容易才从蜂拥而至的人群中脱身。

“真好呀！这样一来，游客们都能成为厦门珠绣的形象大使啦！”看着络绎不绝的游客，福小丫不禁感慨道，“是呀，厦门珠绣作为中西文化交流的产物，不仅见证了闽南近代工艺史的变迁，也将中国刺绣技艺和闽南海洋文化传播到了世界各地。”

“说到闽南文化，我可要考考你们，你们知道闽南还有哪些非遗宝贝吗？”麦小麦又给大家出考题啦。

“嘿，闽南的非遗宝贝可真不少哩！不只有厦门珠绣，还有我家乡漳州的木偶头，那可是我们的骄傲！小时候，布袋木偶戏一开演，我就跑去看。那些木偶可神奇了，会讲好多好多故事呢！”一说起家乡的非遗宝贝，书小贝就停不下来了。

“哈哈，那还等什么，咱们快去非遗学堂打卡吧！”芭小墨兴奋地朝非遗学堂飞去。

芭小墨用尖尖的小嘴轻轻敲了敲非遗学堂的大门，对话框瞬间跳了出来：你了解漳州木偶头雕刻吗？

“当然！”书小贝迫不及待地回答道，“漳州木偶头雕刻起源于晋朝，经过唐代的发展，最终在明清时期达到鼎盛。悠久的历史、独特的祖传工艺，还有那些丰富精美的个性化造型，让漳州木偶头雕刻成为中国木偶雕刻艺术中当之无愧的杰出代表之一！”

“哇！原来漳州木偶头雕刻有着如此深厚的文化底蕴和独特的艺术魅力呀！”芭小墨话音刚落，非遗学堂就抛出了福币。

“哦耶！我们要回家啦！”书小贝兴奋地转动着闪闪发光的福币，大家来到了漳州。

“欢迎来到美丽的漳州古城，我是你们的小导游！”书小贝挥舞着手臂，兴高采烈地触动寻宝区的任务键，“哈哈，原来寻宝图的任务是要去漳州的木偶艺术馆探险！那不就在古城里吗？我带你们去。”

小导游书小贝熟门熟路地带着小伙伴们来到了当地的木偶艺术馆。

“哇啊，这些小木偶头简直就像真的一样！有威武的将军、妩媚的娘子、长眉的老者、尖嘴的媒婆……”芭小墨瞪大眼睛，看着艺术馆展示柜里的小木偶们惊叹不已，“漳州木偶头果然名不虚传，不仅表情丰富细腻、神韵灵动，衣饰也精致得不得了呢！”

“那当然啦！漳州木偶头雕刻可是出了名的厉害，曾被誉为‘东方艺术珍品’呢！”福小丫晃动着头顶的小榕叶，认真地介绍道。

“难怪数百年来漳州木偶头一直让闽南人爱不释手。我看呀，这些技艺精湛的能工巧匠们简直就是木偶界的超级英雄啊！”书小贝拍着手，开心地跳起舞来。

刀起刀落刻百态

在能工巧匠手中，锋利的刻刀仿佛被赋予了神奇的魔力。每一次轻盈的起伏、每一道精准的刻痕，都为木偶赋予了精彩的故事和鲜活的生命力。让我们紧随书小贝的步伐，一起去感受刻刀之下的无限魅力吧！

“快看，寻宝图解锁了新任务！我们要跟着漳州木偶头雕刻的非遗传承人徐老师学习雕刻木偶头。”芭小墨迫不及待地把寻宝图的任务告诉大家。

“太棒了！要是能亲手刻出一个木偶头，一定很有纪念意义！”书小贝高兴得蹦了起来，“我知道徐老师在哪里，我来带路吧！”

在书小贝的带领下，他们找到了徐老师的工作室，满怀期待地提出请求："徐老师，我们能向您学习木偶头的制作技艺吗？"

"可以呀！我很高兴有小朋友能喜欢并学习这门技艺。"徐老师欣然答应。

"徐老师，怎样才能把木偶头雕刻得如此栩栩如生呢？"福小丫好奇地问。

"你们瞧，雕刻木偶头的关键在于木偶的面部。雕刻面部要特别注意五形三骨，五形即两只眼睛、一个嘴巴、两个鼻孔，三骨即眉骨、颧骨、下颌骨。"徐老师拿起一个木偶头，为大家讲解道，"在构思角色的五官时，我们要根据角色的外形、性格、身份、经历等来设计五官的造型、线条和色彩，通过适当的夸张来突出角色的个性，抓住角色的神韵，这样就能让木偶变得活灵活现，仿佛在诉说人间百态一般。"

"哇，原来漳州木偶头有这么多不同的角色和造型啊！"书小贝惊叹道，"不仅有传统名剧中各个行当的经典角色，还有神话传说中的神仙、鬼怪等形象，真是太丰富了！要精准地把握住这么多角色的不同个性，并将其生动地表现出来，一定需要特别精湛的刀功吧？”

“要刻好漳州木偶头，确实需要在刀功方面下一番苦功。但仅有刀功是远远不够的，手艺人还需要对原材料有敏锐的鉴别力，并且掌握独特的涂料配制技巧。”徐老师笑着展示手中木偶头的色彩。

“徐老师，那雕刻一个作品需要多长时间呀？”芭小墨歪着小脑袋问。

“雕刻一件作品通常需要两三天，如果想要刻画出角色丰富的内心世界，时间就更长了。而且，制作涂料配方并上色也是需要时间的。每件作品的每一种颜色都要涂上数十遍，这样才能确保木偶在百年之后依然色彩鲜艳，不会掉色或变形。”徐老师笑着给大家分发工具和材料，“你们可以动手试一试！”

“这……只用这几样简单的工具就能做出这么生动的木偶头吗？”书小贝看着手中的工具，有些不敢相信。

“呵呵，工具虽然简单，但制作工序可是一点也不少哦！”徐老师耐心地解释着，“木偶头的制作需经过开坯、定形、细雕、裱纸、磨光、刷泥、补泥、上粉、开脸、盖蜡等十道工序，每一道都需要精雕细琢。我帮你们选用质轻易刻的樟木、榆木，现在跟着我一起雕刻吧！”

书小贝和小伙伴们试着劈出木偶头像初坯，然后根据徐老师的指导刻画面部中线，定出五官……随着时间的推移，他们开始精雕头像。

“落刀时要十分小心哦！”徐老师提醒道，“每一刀的落点、角度、力度都要把握得恰到好处，才能将木偶头刻画得精准传神。”

“徐老师，你看我们刻得怎么样？”书小贝开心地举起精雕好的木偶头给老师看。

“不错！你们的悟性都很高。”徐老师一边讲解，一边为大家演示道，“雕刻好形态之后，就可以开始打磨修光，并且上色啦！在上色之前，要先裱以棉纸、涂上调和水胶，并沥以细泥浆，粗磨后再补隙、修光，然后上粉、彩绘、盖蜡，最后安上发髻、胡须……”

小伙伴们跟着徐老师的讲解分工合作。芭小墨衔来棉纸，麦小麦搬来水胶、泥浆、涂料等材料，书小贝负责裱纸、上粉、彩绘等步骤，最后福小丫为木偶头安上发髻、胡须。在大家的齐心协力下，他们手中的木偶头渐渐有了轮廓，有了五官，有了神采，栩栩如生。

“耶！大功告成！”就在大家兴奋地举起手中制作完成的木偶头时，突然一道亮光闪过，木偶头的脖子上竟然挂上了一块金光闪闪的福字令牌。

非遗宝藏

漳州木偶头雕刻

木偶头雕刻起于晋，兴于唐，盛于明清，距今已有约 2000 年的历史。相传在唐末，福建木偶艺术由王审知部队从中原带来，后在闽南地区扎根，主要在泉州和漳州一带发展，后来又流传到我国台湾、东南亚等地。泉州木偶头雕刻以江加走为代表，较多采用“梨园戏脸谱”表达戏剧角色，故又称“南派木偶”；漳州木偶头雕刻以徐氏木偶为代表，大量吸收北方汉剧风格，故又称“北派木偶”。至明清时期，福建的木偶头雕刻已十分精致，除供表演外，也作为案头陈设之用。

麦小麦告诉我们：漳州木偶头雕刻被列入第一批国家级非物质文化遗产代表性项目名录。漳州木偶头人物造型包括生、旦、净、末、丑等，行当齐全、种类繁多，既有传统名剧中的传奇人物，也有神话传说中的神仙魔怪。其主要艺术特点有：造型严谨、雕刻精细、彩绘精致、着色稳重，保留有唐宋的绘画风格；人物性格鲜明、夸张合理、神态各异、生动传神，具有地方特色。

非遗宝地 漳州市芗城区

漳州市芗城区地处九龙江冲积平原，是漳州市主城区，漳州古城即坐落于此。漳州古城距今已有1300多年历史，这里名胜众多、名人辈出、非物质文化遗产高度集中，仅国家级非物质文化遗产就有木偶头雕刻、布袋木偶戏、芗剧、八宝印泥等多项。

福小丫告诉我们：据传，漳州木偶戏是在明代隆庆年间由泉州传入的。至清代，漳州的木偶头雕刻已很兴旺，涌现出不少雕刻名师。清嘉庆十二年（1807年），木偶雕刻艺人徐梓清在漳州东门开设“成成是”木偶作坊，自此开启了徐氏木偶的二百余年的世代传承。清末，漳州还出现了不少木偶头雕刻作坊，包括岳口街的何守忠和北桥头的徐茎木偶头雕刻店，以及后来陈文浦的“福春派”、林鹏的“福兴派”等木偶头雕刻作坊。

巧手匠心花样多

剪纸艺人们凭借巧手匠心，将一张张普通的纸张剪刻成千变万化的花样。珍贵的艺术之花穿越了千年历史长河，在一代又一代手艺人的刀刃与指尖盛放。让我们跟随书小贝的脚步，一起走进剪纸的“花花世界”，探寻这份千年传承的匠心独运与花样之美吧！

“哇，福字令牌现身啦！”芭小墨开心地抓起福字令牌，“这样咱们就能回非遗小镇建设数字展区，让更多人欣赏到漳州木偶头这门精致的艺术了。”

“太好了！我一直希望有更多人能了解这门技艺。”徐老师拿起小朋友们刚刚完成的木偶头，“你们稍等一会儿，我再把这个木偶头稍微加工一下。”

只见徐老师刻刀翻飞，一套行云流水的雕刻动作下来，木偶的下巴和眉毛眼睛竟然动起来了！

“太神奇了！这是怎么做到的？”芭小墨差点惊掉了下巴，好奇地凑过来仔细研究这个神奇的木偶头。

“我们在传承祖先的传统技艺的基础上，对木偶雕刻进行了改良。”徐老师一边按动机关一边说，“你们瞧，我在木偶的脑袋里设置了这个机关，只要轻轻按动里面的小木板，木偶的下巴、眉毛和眼睛就能上下活动，比静止的木偶更加生动有趣。”

“这真是太有意思了！非遗小镇的游客们一定会特别喜欢！”福小丫开心地转了个圈儿，“徐老师，谢谢您！我们现在就把福字令牌带回非遗小镇，让更多的人感受到漳州木偶头雕刻艺术的独特魅力！”

一回到非遗小镇，福小丫就赶紧把福字令牌放上控制台感应区。霎时间，无数“福”字从光束中跃出，化作充满灵性、有温度和生命力的木偶头，展示在非遗馆里。

“哇，快看！这些‘文武生’和‘文武旦’的五官多么精致俊秀，色彩多么柔和……”形神兼备的木偶头立刻吸引来了不少游客。

大家纷纷来到体验区，化身木偶头雕刻艺人。随着刀起刀落，古代才子的扬眉、醉目、微笑、宽额，以及仕女的柳眉凤眼、樱桃嘴、高髻发等形象一一呈现在大家眼前。游客们沉浸在木偶头雕刻的体验中，不时发出惊叹声。

“看，那个木偶头上仕女的发型与我之前看过的剪纸作品如出一辙，都是那么细致入微。”芭小墨欢快地在木偶头间穿梭，开心得不得了。

“哎呀，我怎么把这个非遗宝物给忘了呀！喂，小墨，快回来！我们要去寻找更多非遗宝物啦！”书小贝说完，触动按键，打开了非遗学堂的大门。

这时，非遗学堂弹出了一个对话框：你们对福建剪纸了解多少呢?

“福建剪纸可是非常了不起的！”书小贝自豪地

说，“它是南方剪纸的代表，既具有北方的粗犷朴素，又融入了南方的秀美灵动。在福建，浦城、柘荣、泉州、漳浦四地的剪纸艺术都已经成为国家级非遗项目，其中柘荣和漳浦剪纸还被联合国教科文组织列入了人类非物质文化遗产名录呢！哈哈，记得有一年，我带着芭小墨一起去漳浦参加剪纸非遗研学活动，可有趣了！”

“哐当——”非遗学堂抛出了一枚金色的福币。福小丫兴奋地跳起来接过福币，一边转动福币一边说，“猜猜，我们会穿越到哪个地方呢？”

“耶！被我猜中了，真的回到漳浦啦！”芭小墨在空中欢快地翻腾着，“福建剪纸千变万化，漳浦剪纸更是历史悠久，从唐代传承至今。在题材上，漳浦剪纸多反映闽南海洋文化的民风俗韵。走进漳浦剪纸的‘花花世界’，可以感受到那份独特的‘海韵潮音’。”

“说到漳浦剪纸，怎能忘记陈金、黄素、林桃、陈匏来这四位与剪为伴的老人呢？”书小贝深情地回忆道，“她们被誉为闽南‘四大神剪’，是南方剪纸艺术流派的杰出代表哦！虽然她们已经离世，但她们用无声的艺术语言和精湛的手法，为剪纸艺术留下了弥足珍贵的传世之作，也激励着漳浦县一代又一代的剪纸艺人。”

“没错！因为有了这些剪纸艺人的代代相传，这些珍贵的艺术之花才能穿越千年依然常开不败。”麦小麦兴奋地按下寻宝区的任务键，“快来瞧瞧我们的寻宝任务：请拜访漳浦剪纸艺人，学习漳浦剪纸独创的‘排剪’技法。”

“漳浦县现拥有老、中、青、少四个梯队近千人的剪纸队伍，已建成剪纸传习所及传承示范点有20多处呢！我们去传习所，一定能学到排剪技法的。”芭小墨已经迫不及待地飞到前面带路了。

金剪子飞起来

一张红纸、一把剪刀，如花瓣飘落的纸屑中，风格各异、形式多样的剪纸作品渐具眉目。小朋友，你也想学习神奇的剪纸艺术吗？跟书小贝一起去看看吧！

“快看，漳浦剪纸的非遗传承人陈老师正在教徒弟们剪纸呢！”书小贝和小伙伴们一走进剪纸艺术馆，就被陈老师手中的精美剪纸吸引住了。

“陈老师，您好！我们能跟您学剪纸吗？”芭小墨迫不及待地问道。

“当然可以！”陈老师热情地邀请小朋友们围坐在一起。

只见陈老师手中的金剪子不停地上下翻飞着，一会儿阳剪，一会儿阴剪。不一会儿，剪好的红纸徐徐展开，纸上竟变出了100只姿态各异、栩栩如生的小猫！小猫身上的绒毛细节处理得极为精细，线条流畅且繁复，展现出一种细腻雅致的美感。

“哇，这就是传说中的‘排剪’技法吗？”麦小麦忍不住惊叹道。

“你们知道排剪啊？”陈老师身边的徒弟笑着说，“你们看，作品上每只猫的绒毛都是用排剪法处理的，纤毫毕现。整幅作品构图端庄大气、刻画细致入微，虚实结合、疏密有致，可以说是把漳浦剪纸最具特色的排剪技法发挥到了极致，因此作品才会如此地灵动秀美。”

“太神奇了！”福小丫激动得跃跃欲试。

“来，试试看，相信你们也可以做到的。”陈老师让徒弟们手把手地教书小贝他们使用排剪技法，剪出成排细密的锯齿纹花瓣。

“哈哈，我剪出了一朵漂亮的花！”书小贝第一个完成了作品，高兴得手舞足蹈。不久，其他小伙伴也陆续完成了作品。

“你们真棒！”陈老师满意地点头称赞。

“哇哦，小主人，我们的寻宝图又解锁了一个新任务。”芭小墨兴奋地点开寻宝图，“新任务是每人创作一幅跟‘福’字相关的剪纸作品。”

“‘福’字剪纸可是个技术活，我要好好想想怎么创作。”书小贝摩拳擦掌，跃跃欲试。

“小主人，我们一起创作吧！”芭小墨提议道，“我觉得我们可以把‘福’字和咱们福建的特产结合起来，比如闽南建筑或者海鲜。”

“哈哈，那我来个现代版的，把‘福’字和火箭放一起，寓意着我们的幸福生活像火箭一样飞速上升！”麦小麦兴奋地说。

只有福小丫一言不发，握着一把金剪子若有所思。

小伙伴们围着陈老师七嘴八舌地讨论着，陈老师微笑观察她们的作品，轻声地给予指导和鼓励：“书小贝，你的闽南建筑燕尾脊剪得很生动，可以在‘福’

字周围再加些云彩，让画面更立体。麦小麦，火箭的想法很新颖，不过要注意线条的流畅度哦。”

在陈老师的点拨下，孩子们不断完善着自己的作品。书小贝和芭小墨创作的闽南建筑燕尾脊高高翘起，麦小麦的火箭冲破云霄，每一幅作品都充满了童真和创意。

“陈老师，您看我的作品怎么样？”一直默不作声的福小丫展示出自己的佳作。

“咦，那是什么图案？”福小丫的声音引起了大家的注意，小伙伴们齐声惊呼，“哇，是福字令牌！”

“太棒了！”陈老师激动地说，“孩子们，你们的作品都很有特色。记住，剪纸不仅是技艺的展现，更是内心情感的表达。你们已经做到了！”

“哗——”一道金光闪过，金光闪闪的福字令牌终于亮相了。书小贝和她的朋友们告别陈老师，带着福字令牌回到了非遗小镇。他们把令牌轻轻放在控制台上，突然，无数个“福”字变成了金色的小剪刀，在空中跳起了欢快的舞蹈。接着，它们变成了数不清的剪纸作品，自在地漫天飞舞。

这些可爱的剪纸作品飞到非遗馆陈列的非遗展品上，为展品们披上一件精美别致的剪纸外衣；飞到福匠街区的各个角落，为街景增添了一分新奇的趣味；飞上人们的服饰包袋，把街上的每一个人都变成了剪纸艺术的一部分。书小贝和小伙伴们沉浸在剪纸艺术创造的奇妙世界里，开心地跳起舞来。

非遗宝藏
中国剪纸

中国剪纸是用剪刀或刻刀在纸上剪刻花纹，用于装点生活或配合其他民俗活动的一种民间艺术。在中国，剪纸具有广泛的群众基础，它深入各族人民的社会生活，是各种民俗活动的重要组成部分。中国剪纸中较有代表性的是福建剪纸，福建剪纸中较有代表性的浦城、柘荣、泉州、漳浦四地剪纸，其中，漳浦剪纸和柘荣剪纸还被列入联合国教科文组织人类非物质文化遗产名录(名册)。

麦小麦告诉我们：漳浦剪纸与柘荣剪纸作为中国剪纸艺术的瑰宝，共同代表了中国丰富多彩的民间剪纸传统。漳浦剪纸独创排剪技法，注重线条的连贯和整体感，而柘荣剪纸则强调外形的随意挺劲和内部镂空的精细处理。漳浦剪纸与柘荣剪纸都是中国传统剪纸艺术的重要组成部分，展现了不同的地域文化和审美风格。

非遗宝地

漳州市漳浦县

漳浦县位于福建省东南沿海，隶属于漳州市。这里山海兼备，风光旖旎，拥有丰富的自然资源和人文景观。这里名胜古迹众多，不仅有闽南民间土堡的典型代表之一——赵家堡，还有保存完好的明古城墙、六鳌古城等历史遗迹。

福小丫告诉我们：漳浦县是一个历史悠久、文化底蕴深厚的地区。这里的民间艺术丰富多彩，有剪纸、竹马戏、大鼓凉伞等众多非物质文化遗产项目，展现了漳浦独特的文化魅力。漳浦的剪纸艺术既汲取了北方剪纸的豪放气质，又融入了南方剪纸的细腻婉约，形成了自己独有的风格。在剪纸题材上，漳浦剪纸反映了海边生活的场景，通过作品展示的画面，我们可以感受到那淡淡的“海味”以及闽南民俗的风韵。

阅读打卡地图

1 欢迎来到福匠街

阅读时长

阅读收获 ☆☆☆☆☆

2 美玉莫竞"明星石"

阅读时长

阅读收获 ☆☆☆☆☆

3 巧施技艺奇雕刻

阅读时长

阅读收获 ☆☆☆☆☆

4 涅槃重生的竹子

阅读时长

阅读收获 ☆☆☆☆☆

5 竹皮上妙笔生花

阅读时长

阅读收获 ☆☆☆☆☆

6 "朽木"也可雕

阅读时长

阅读收获 ☆☆☆☆☆

7 老树根的奇妙变身

阅读时长

阅读收获 ☆☆☆☆☆

8 竹木精灵的魔法

阅读时长

阅读收获 ☆☆☆☆☆

9 宋代宫廷画"复活"了

阅读时长

阅读收获 ☆☆☆☆☆

10 来自龙灯的神秘召唤

阅读时长

阅读收获 ☆☆☆☆☆

11 舞动的客家图腾

阅读时长

阅读收获 ☆☆☆☆☆

12 画好的画被破开了

阅读时长

阅读收获 ☆☆☆☆☆

13 指尖飞弹出奇画

阅读时长

阅读收获 ☆☆☆☆☆

14 拖鞋上的浮雕艺术

阅读时长

阅读收获 ☆☆☆☆☆

15 绣针为笔珠为墨

阅读时长

阅读收获 ☆☆☆☆☆

16 木偶界的超级英雄

阅读时长

阅读收获 ☆☆☆☆☆

17 刀起刀落刻百态

阅读时长

阅读收获 ☆☆☆☆☆

18 巧手匠心花样多

阅读时长

阅读收获 ☆☆☆☆☆

19 金剪子飞起来

阅读时长

阅读收获 ☆☆☆☆☆

鸣 谢

陈秀梅 福建省艺术馆（福建省非物质文化遗产保护中心）馆长（主任），研究馆员。

卢 灵 华侨大学旅游学院实践导师，德旺基础教育研究院特聘研究员，正高级、特级教师，福建省第十三、十四届人大代表，全国优秀地理教研工作者，福建省首届基础教育培训专家，泉州市地理学会党支部书记，泉州师范学院兼职教授。

张博雅 公益阅读导师，家庭教育指导师，闽都文化研究院研究员，福州盲校爱心志愿者。

杜 鹃 北京大学香港科技大学深圳研修院、北京大学联合培养博士后，深港产学研基地研究人员。

黄皓婧 非遗文化讲师，泉州世界遗产金牌双语讲解员，泉州海外交通史博物馆原宣教部主任，清廉泉州馆馆长。

陈 静 上海媒体自由撰稿人。

杨诗琪 非遗文化讲师，泉州市鲤城政协特聘文史研究员，泉州经贸职业技术学院马克思主义学院教师、团委社团导师。

陈禾谷 泉州市骨干教师，泉州市初中教学指导组专家，泉州第五中学初中地理教研组组长。

李次暖 泉州第五中学青年名师、总务处副主任。

一并致谢苏慈浩、袁月月、吴桐、蔡钰涵、廖天舒、王真真、叶传杰、张璞凌、张晓雯、陈文欣、黄美云、陈依嘉等师生。